被遗忘的教养法

THE FORGOTTEN UPBRINGING

林至信
张文辉
著

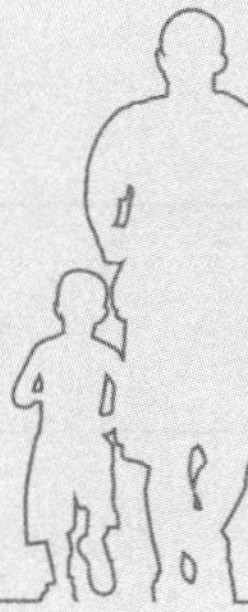

3000个孩子的爸爸

让每个都成才的信任教养

光明日报出版社

图书在版编目（CIP）数据

被遗忘的教养法：3000个孩子的爸爸，让每个都成才的信任教养 / 林至信，张文辉著. --北京：光明日报出版社，2017.7

ISBN 978-7-5194-3237-9

Ⅰ. ①被… Ⅱ. ①林… ②张… Ⅲ. ①儿童教育—家庭教育 Ⅳ. ①G78

中国版本图书馆CIP数据核字（2017）第179649号

版权登记号01-2017-5993

被遗忘的教养法：3000个孩子的爸爸，让每个都成才的信任教养

著　　者：林至信　张文辉

责任编辑：王　娟　　　　责任校对：傅全泽

封面设计：李尘工作室　　　　责任印制：曹　净

出版发行：光明日报出版社

地　　址：北京市东城区珠市口东大街5号，100062

电　　话：010-67078248（咨询），67078870（发行），67019571（邮购）

传　　真：010-67078227，67078255

网　　址：http://book.gmw.cn

E - mail：gmcbs@gmw.cn

法律顾问：北京德恒律师事务所龚柳方律师

印　　刷：北京华联印刷有限公司

装　　订：北京华联印刷有限公司

本书如有破损、缺页、装订错误，请与本社联系调换

开　　本：787×1092　1/16

字　　数：150千字　　　　印　　张：10.75

版　　次：2017年9月第1版　　　　印　　次：2017年9月第1次印刷

书　　号：ISBN 978-7-5194-3237-9

定　　价：48.00元

推荐序

多一点点的要求、多一点点的坚持、多一点点放手!

——简世明

教育从不该是轰轰烈烈热闹喧腾的事。但敲锣打鼓声也从未间断过。在众声喧哗中一路走来,身处教育第一线的我,教育二十三年了,教育改革的浪潮不断拍打,站在浪头上的人,只能选择挺身战斗。

隔一阵子,就会有新的点子生发,来自不同的长官、学者与专家。我常常在研习的会场努力地听讲,记下密密麻麻的笔记,然后轻轻地喟叹:这一次,将会撑过多少时间?然后又无疾而终? “建构式教学”“协同教学”“合作教学”俱往矣!

最近戮力推广的叫作“教学伙伴一学习共同体”。远从日本莅台的教授,讲着我听不懂的话,告诉我们之前的教学都落伍了。

因为我们很慌张,因为我们面对教育议题常常不知所措,于是不同的人、说着不同的话,“深刻地”做着教育的反思,指导着台湾的教育应该这样、那样做,比较着某某国家好,台湾怎么做不到?

老实说,作为被检讨的教师,我深深地感到迷惑。从这端摆荡到另一端,摇摇晃晃的老师们啊,永远被要求、被实验。我在心里问着:“是否真的存在，那美好的、人人都赞同的教育彼岸？”

然后我轻轻合上这本《被遗忘的教养法》。

任凭潮来潮往，各式吸引人的思潮有如流沙；敲锣打鼓、竭力嘶喊的，终究在浪涛中逐步退去。原来一直攒在手心的，远是那经常不变的道理。

作者毫不虚华的书写，只是徐徐地叙述他在育幼院做过的一切。只是多一点点的要求、多一点点的坚持、多一点点的放手！他说：“让孩子爬树吧”“让他们做家事”“让他们每天晨跑六公里”“带他们爬大山”“让他们正常地作息”“理所当然”地茁壮！

这让我不禁想起了柳宗元的《郭橐驼传》。

文中说种树应该：“勿动勿虑，去不复顾。其莳也若子，其置也若弃，则其天者全，而其性得矣。故吾不害其长而已，非有能硕茂之也。”

绝对不可以“爱之太殷，忧之太勤，旦视而暮抚，已去而复顾，甚者爪其肤以验其生枯，摇其本以观其疏密，而木之性日以离矣。虽曰爱之，其实害之；虽曰忧之，其实仇之。”

树犹如此，教养孩子也可作如是观。真正的价值大抵建立在日复一日的操持，而不是绚丽炫目的口号。

谢谢作者不懈的坚持，谢谢他努力让我们明白的事。这教养法，我将永志不忘。

（本文作者为南头县光华小学教师，著有《老师的十个对不对》）

推荐序

值得当今父母学习的教养法

——高正忠

我是林伯伯在书中提到的“有三个爸爸的小孩”。与弘化怀幼院结缘，是在 2007 年元月间，由于参加“书香再传种子书院”公益团队，一位善心人士推介弘化怀幼院是值得我们协助、且设置爱阅书坊的单位。公益团队惯例在正式协助前需要先访视，正好轮到由我负责访视，我因而来到弘化。第一次到弘化的感受，至今仍难忘，虽然“弘孩儿”个个活泼可爱，但背后都有一个让人心酸的故事。平常能见到一位这样的小孩就已很让人同情了，更何况有五十多位这样的小孩同时出现在眼前。那种感受，实在难以言喻，也非常佩服林伯伯，不靠资助，仍能把弘化经营得如此出色。在访谈弘化创办人林伯伯时，林伯伯表示最需要的帮助并不是图书，而是希望有人来协助辅导院童的课业，且希望是经常性的辅导。虽然我很想协助，但实在没有课辅的经验，故一开始只能努力询问其他有经验的公益单位能否协助，可惜一直没有找到适合协助的单位，但这件事一直挂在我心中。经过八个月后，我决定自己筹组课辅团队。历经不少困难，最后在新光课辅计划召集人交大崔秉钺教授及清大、竹教大、中华大学、中大悦读社、元智、交大等校教职员生与其他一些义工的协助下，我们终于组出团队！每周三个晚上去弘化辅导弘孩儿的课业，这一转眼已是第七年了。六年多来，看着院童一天天长大，已都是我的家人了。

非常感谢出版社出版这本书，让弘化的理念能分享给更多人。虽然台湾教改已很多年了，但总是没有针对核心问题做改善；也因而越来越让人忧心未来的发展。加上少子化世代的父母，更是常常认为小孩子还没长大，误以为事事都帮小孩子做好才是爱小孩，但这反而让小孩子失去很多成长的机会，更不容易独立，自信心也更为不足。弘化近年来，不但只照顾失依的弘孩儿，同时也让很多一般家庭的小孩来生活体验；甚至也有一些小孩因而长住下来。书中所提到的一些院童我也有带过，甚至也看着他们的来院、改变、成长及离院。让小孩学会对自己负责，是很重要的教育目标。但很可惜，当今的教育系统反而让即使读到顶尖大学的学生，仍然有不少是“爹宝”“妈宝”。而弘化做到让小孩子知道要对自己负责；能对自己负责，就能够找到自己成长的路。弘化的“生活体验”不像一般寒暑假的生活营队，不是会安排任何课程给这些来体验的小孩，而只是在弘化实际的生活。然而这样的生活体验往往会让小孩有深刻的感受，有不少小孩就因此有了重大的改变，相信其一生的成长也因此能有正向发展。在这本书所描述的教养理念，虽然现在看起来似乎颇为另类，但很多都是我们这一代所经历过的！

赤脚上学、爬树等都是我小时候的回忆。还有，弘化每年都会带小孩爬百岳，更是让我佩服！在台湾，能登百岳的大人就已不多了！而弘孩儿已登过十几座了，颇羡慕这群弘孩儿在这么小就有这样的成长机会。小孩子的潜力其实是无穷的！期待当今的父母在看完这本书后，能教育出“自己种树，自己乘凉，且懂得分给别人”的下一代。

（作者为台湾交通大学环境工程研究所教授）

自　序

比教学更深入的家庭教育，以“正常”为出发点的“另类教养”

到 2013 年底为止，弘化怀幼院的生活体验已经开办八年了。算一算，参加过的孩子超过三千个。

当初是因为与义工闲聊儿童教养，总会听到她们提及自己教育孩子的苦楚。于是我兴起了一个念头：“为何不让孩子来我们这里住住看，过过不一样的生活啊？”就这样，促成了“弘化生活体验”。

我们不只关心“没人照顾”的孩子，也关怀被“过度照顾”的孩子，这是我当年开办“生活体验”的初衷。因为关怀，所以分享我们的经验，希望导正日益疏离的亲子关系；因为感恩，所以我们回馈，在能力范围内，提供基本的食宿生活环境，让一般家庭成长的小孩，能暂别家长打造的温室，来这儿学习独立。

生活正常，作息正常，就是让生命正常。

我自己育有四个子女，经历过养儿育女的家庭教育。后来当了大学老师、中学校长，走进学术的学校教育。再来创办了育幼院，收容社会底层最弱势的小孩，让他们在育幼院里得到良好的教养，并怀抱自信地走入社会，这是更深层的人本基础教育。从校长到院长，不同的是，学校是教课本上的东西，而育幼院是小孩的家、照顾失依孩童的地方，是比教学更深入的家庭教育。

我再三强调，我们只是在过正常人的生活，并不是我们办得特别好。然而那么多人前来报名体验，是不是意味着现在的小孩，很多都过着“不正常”的生活，这才凸显了我们的“正常”。

早睡早起是正常、教孩子做家事是正常、自己走路上学是正常、惜福地把餐盘里的食物吃到一点不剩，是正常。当然，孩子不乖就得接受理性的处罚，这也是正常。没想到这几年开办了“生活体验”，我向来遵循的正常生活教育，竟被各界视为“另类”，掀起媒体争相讨论。更吸引三千多个孩子的家长，带着孩子到我创办的育幼院来体验“另类的生活”。这样的结果和发展真的让我很意外，因为这里教导孩子的东西都很简单，也很正常，既不会要求孩子去挑战极限，更不会要求孩子考试拿满分。

生活体验是没有课程的

以下就是弘化院童最平常、也最正常的生活。而我也只是提供这样的生活环境，让一般家庭的小孩共同体验罢了。这里只有作息时间表，没有课表、没有课程，我深信只有规律的生活，良好的饮食习惯，才是对小孩最有利。

一、假日清晨五点起床，开始六公里的乡间健走。让小孩在自然的环境下，适量的运动，对于发育中的孩童，绝对有好处！几年下来的生活体验，我们很惊奇地发现，很多被医生诊断为“过动”，需要按时服药的小孩，在走完六公里后，竟然变成“不动”（只有脚酸而已）！

二、弘化佛堂的背经、打坐，让小朋友体验孔子、老子等圣人之精神。依据经典导正小孩的观念，也让小朋友在往后的人生，有初步认识。即使生活体验的孩子没办法在短时间内，体会到圣贤论述，借由盘腿打坐也可以训练定力，同时检验孩子是否健康。很多吃肉、吃速食，又不运动的孩子，身体非常僵硬，根本没办法盘腿！

三、正常的饮食习惯，是弘化生活的重点。在弘化的三餐，没有高热量的炸鸡、薯条，更没有油腻的大鱼大肉，只有最健康的蔬食。蔬食是对生命的尊重，也是最环保的饮食。另外，“没有馊水桶”的惜福精神，也是弘化最重视的。要求小孩把碗中的食物，全部吃干净，这是感恩农夫、感谢捐赠者的最好教育，也让小孩从中养成惜福、节俭的习惯。当然，自己吃饭的碗筷自己清洗，更是学习独立、人人平等与负责任的最好教育。

四、应对进退的基本礼貌要求，是弘化教育的基本功。现在的小孩遇到师长，不是冷漠，相应不理，就是傻笑。但是在弘化，我们会要求小孩见到师长时，一定要有礼貌地打招呼。清晨起床，晚上就寝，也都互道早安、晚安。就连用餐时间遇到来访的客人，也要懂得主动邀请一起吃饭。

五、参与环境打扫清洁工作，让小孩认识到家事的辛苦，同时也学习分工合作。在弘化，同侪的小朋友，一起做清洁、整理房间，凝聚这个大家庭的向心力。我们从回馈资料中得知，很多生活体验的小朋友，回家后开始会主动协助家事，让家长们非常意外和惊喜！

六、晚上九点准时就寝，不准晚睡、不准熬夜看电视、上网。早睡早起，正常的作息，对成长中的小孩最有利。而且根据研究，晚上九点就寝的“睡眠效率”最高，在这段时间睡足八小时，比半夜才开始睡八小时，来得更有效率。

除此之外，园区内孩子每天都可以自由开心地爬树，打赤脚、玩沙、骑车、溜直排轮、打球……在自然的环境中尽情游戏，这也是多数到弘化生活体验的学生，留下的最深刻的记忆。

这就是没有课程的“生活体验”！我们只是提供了一个简单的生活空间、一个标准的作息时间表，与一套最传统的生活伦理规范，让来自各地的小朋友，一起生活、一起遵循。如果这样的生活体验，能帮助到正迷失的孩子，改善日益疏离的亲子关系，进而回归传统的社会价值观，那么弘化就有其存在的价值，这也是弘化对社会教育的最大回报。

前　言

对的事情，先做再说！

很多人笑我天真！既不学社会工作，也没学幼保，却去创办育幼院。但因为是利他的事，我就做了，没想太多。如果想太多，好像搬石头挡路，哪儿都去不了。古人说“秀才造反，三年不成”，意思是书读太多，考虑就多，啥事也做不了，就是这个道理。

其实我的个性，只要对人有益的事，我就做了！像我是东吴中文系、台师大国文研究所毕业，之后非常幸运受聘回母校东吴大学当讲师，负责教中文系的声韵学及大一、大二的国文。26 岁就教大学生，让我非常有成就感，做的很高兴，一教就是六年，从讲师升副教授。

用一块二毛钱当上初中校长

直到 1969 年，有一天，我突发奇想，在大学教书，每年都只教几个班，顶多百来位学生，能教化的对象有限。如果能当初中校长，那么教化的对象肯定就更多了。于是我天真地毛遂自荐，写了一封约一百五十字的信，寄给当时阳明山管理局的局长潘其武先生，信中简单地自我介绍学习经历，直接表达想当校长的愿望。

想不到竟然得到回应，面谈时得知管理局要在阳明山山仔后创立一所中学，方便阳明山山区的学童就读。当时准备争取这个校长职位的其他五位先生都具备有力的推荐函，只有我是毛遂自荐。结果大出众人意料，潘局长竟然派我这位素昧平生的年轻人担任格致初中创校校长。就这样，我当起中学校长，只花了一块二毛钱（邮票一元、信纸一毛、信封一毛），那一年，我32岁。虽然没有中学任教的经验，更没有初中组长、主任的经历，但我照样干得有声有色。所以，谁说一定要有经验呢？只要是正面的事，勇敢去做就是了！

登记"立法委员"结果变"国大代表"

一眨眼，做了三年半的校长。时值1972年底，台湾要选第一届中央增额民意代表，包括"立法委员""监察委员"及"国大代表"等。某天朝会完毕，我走进校长室，当时的人事主任李津义先生跟着进来，我问他什么事？他说："想建议校长出来竞选'立法委员'。"理由竟是平时见我喜爱打抱不平，为弱势发声！他认为担任民意代表可以做更多事、服务更多人。我也坦白地回他："没人，没钱怎么选？"结果他说："有什么关系，试试看嘛！"我想想，也好！如果登记被幸运提名，能够当选的话，就可以做更多有益于众人的事。就算最后没有被提名，还是可以继续当我的校长，教化孩子，也没有什么损失。

只不过是一个转念，我马上干脆地答应："好，你去帮我领表！"他就骑机车从学校到部领表。回来之后，我起稿，他填表。填毕，他又骑车下山帮我报名登记。这次我连一块两毛钱的邮资都省下了，领表与报名，来回两趟的汽油钱都是李先生赞助的，想想还真的要谢谢他！

没想到，第二天报纸就登出来，竞选"立委"群雄并起，我竟然莫名其妙被列为热门人选。我自己的大哥看到新闻忙打电话来训斥："你都当中学校长、副教授的人了！难道还不知道自己的斤两？胆子真大，不知道竞选'立委'要花很多钱吗？你又没有钱！"他的担心不是没有道理，当时台湾国民党中央党部、台北市党部的人员，我一个都不认识，以当时的政治情况，我绝不可能被提名。所以，我就随便回说："只是试看看，登记而已，不可能被提名的啦！"后来，果真没有被提名，我也以为事情就这样过去了。

谁知道世事的缘分竟是如此巧妙，就在登记截止前三天，我竟然接到国民党台北市党部打来一通邀约见面的电话。依约前往的我，一坐下，"主委"就开门见山，直接问我："党部要征召你竞选台北市地区的'国大代表'，好吗？"我认为这是为民服务的机会，毫不犹豫地答应："好！"

第二天我就辞去校长一职，备妥资料到竞选事务所登记。隔天报纸果然又报道了，我大哥的电话马上打来，我以为他又要责问我，钱在哪里，助选人员在哪里？结果喜出望外，他竟然主动表示要当我的竞选总干事。他出钱、出人，我出嘴，到处演讲。就这样，兄弟合作在短短十八天内，最后我竟然得到十二多万票，以最高票当选"国大代表"！

帮助最需要帮助的人

凭着一封毛遂自荐的信就当上校长、登记"立法委员"结果变成"国大代表"，一般人认为天真可笑、绝无可能的事情，都真真切切地发生在我身上。所以我始终相信，不试怎么会知道！只要是正面的事情、利他的事情，不要考虑太多勇敢地放手做，不要随便否定自己！

后来，我创办了育幼院，对弱势家庭给予施棺、急难救助。帮助的对象也跟别人不同，我坚持要救助那些政府依法不能补助照顾，然而实际上却无人、无力照顾或求助无门者，因为我认为他们更需要帮助。

不只这样，我经营育幼院的原则也跟人不一样，既不主动对外募款，也不主动对外募任何物资，当然也不向政府申请任何补助。我希望以实际工作的表现获得社会大众的肯定，让大家自动来相助。多年下来，感谢各方善心人士的支持，我们不但能够自足，用不完的物资，我也主动传送给更需要的人。

听起来不可思议的经营原则，加上育幼院地处偏远的大园沙仑海边，在别人眼中是鸟不生蛋的荒凉地方，但弘化一路走来，至今已经超过30年了。看来除了我们的韧性、生命力很强之外，台湾民间的爱心满满也是主因，证明只要努力把事情做好，社会大众的眼睛绝对是雪亮的。

一直以来，我的人生观就是以利他为出发点。在校长任内，我亲自访问每位学生家长，了解到更多的家庭及社会问题，促使我决定从政，希望能关心，帮助更多的人。最后，看到社会的底层，还有很多人需要帮助，我发愿成立基金会、创办育幼院，帮助那些最需要帮助的人。

遵循“正常”的教育

回想我的一生，除了中间有八年的时间从政之外，其余都在从事教育工作。从在大学、中学任教，加上创办育幼院，教养没人照顾的孩子。当然这中间，我自己结婚生了四个孩子，也经历了家庭教育。一路下来，交了多少不同程度的孩子，我自己也数不清。所以，如果说我对教育有独到的心得，其实倒不如说我一直遵循“正常”的教育。

也因为如此，我又有了一个利他的心愿，就是借着分享这50年来的教育经验，送给各位爸爸妈妈和学校师长。如果您认为自己的孩子很难教、如果您觉得现代的学生很难管，不妨打开这本书，跟我一起学习、一起遵循以“正常”为出发点的“另类教育”。

目 录

第一章：

以天地为教室的新学习法

人要活在天地间，不要窝在小房间

到过弘化的朋友常发出惊叹，因为这儿的孩子得天独厚，乐活在天地间！东边一望，绿野平畴，可以一直看到中央山脉；西邻台湾海峡，碧海蓝天，五十公里远的大屯山、七星山都尽收眼里，南方则是永安渔港和新屋绿色隧道。

从院区的任何一个角度，都可以看到地平线。这样的辽阔视野，绝对是大部分的都市小孩，少有机会能体验到的。

每到假日，清晨五点，我和孩子们就踏上周边乡道，展开六公里的“散步”。大小身影，天未亮就从弘化出发，走到半途，刚好可以看到太阳从远方的中央山脉升起。晨曦的云霞，从红色到黄色，再转变成白色，然后天色全亮，这样的画面真是百看不厌，有一种迎接希望的感觉。相信许多曾经在清晨造访弘化，陪伴小朋友晨跑的义工朋友，一定也忘不了那一刻，在晨光中迎接朝阳的感动。

打造弘化的家

然而这一切，却是开始于一个遗憾，没想到结果竟是如此美好！回想三十几年前，创办育幼院之初，原本是计划在台北内湖、东湖附近买地，当时那里算是相当有发展潜力的地段。我甚至异想天开，打算购地兴建一栋八层的大楼，规划上面四层设立育幼院收养孩子，下面四层经营超级商场。这样一来，既有收入可以照顾更多孩子，也可以让大孩子学习做生意，习得一技之长。

万万没想到，订约付款的那一天，地主突然变卦不卖了。后来因缘巧合，到了桃园大园海边的沙仑村，我买下独栋四栋，每栋地一零六平方米、房五十平方米；另外连栋的四间，地二十五平方米、房三十二平方米，打造一个"家"，专门收容无依的孩子，也就是今天的弘化怀幼院。广大开阔的院区，让孩子们每天都能自由自在地骑脚踏车、滑蛇板、荡秋千、溜滑梯、爬树、玩沙、筑城堡等。

如今想来，真是谢天谢地！台北的地主变了卦，我们才能来到海阔天空的沙仑海边。试想，如果当年对方守约卖地，今日弘化的孩子，或许只能天天窝在水泥楼房里。见不到青天白日，也踩不到绿草田沟，当然更不可能听到海涛声和虫鸣鸟叫！这一番奇妙转折，也让我益发领悟："'得'不必高兴的太早，'失'也未必不好"的道理。

学习逆向思考

其实弘化能够找到现在这个海边的"家"，过程也是非常有意思。就在发愿要创办育幼院的半年前，我偶然巧遇一位从事建筑的老朋友，彼此十多年没见面，想不到重逢后格外投缘。说来也奇怪，这位建筑商平常朋友一大堆，但每次要到工地发工资、进建材时，却从不邀别人同行，唯独喜欢找我做伴。刚好，我这个人平生无大志，就是喜欢到处游玩，听到人家要开车载我到处去兜风，自然是二话不说，每次都爽快答应。

于是，多次随朋友"兜风"到沙仑滨海的建案工地（弘化现址），对于房屋的销售情况也略知一二。在台北的地主反悔不卖地之后，脑海中即刻想到沙仑那里，尚有未出售的房子。考虑之初，我邀了几位好友到那边看看环境和房子，大家都说："乡下地方空气好！而且还是住独栋别墅，挺不错的！不过，地点好像太远！"

判断的当下，我想起先父的经验谈，他老人家生前以种菜为生，从没有因为"供过于求"，因而低价出售，亏本赔钱。关键在于，他认为今年卖得太好的菜，明年一定不能种；相反的，他一定改种今年最败市，卖得最差的菜。我想，这就是现代人常说的"逆向思考"吧！受到先父的影响，我的投资眼光也与众不同，我笑着向提出反对意见的朋友说："偏远没关系，搬到这里住就变得近了。”就这样，我把当时未售出的四栋房子全部买下来。

这位建筑商朋友听说买地是为了要办育幼院，也给了一个非常合理的开价。感恩各方善缘，终于在 1985 年 11 月，弘化怀幼院正式诞生。

与大自然零距离的亲近

我心目中，最理想的家，也就是弘化院区的规划蓝图。独栋的房子，前后有庭院，可以种花草、晾衣服。屋内四面墙壁都有窗户，空气流通，采光也充足。走进屋内，客厅非常宽敞，可以提供约十个小孩活动。至于孩子们睡觉的房间、厕所的空间大小，也都高于台湾有关部门儿童局育幼院设置的标准。目的是希望让孩子生活在宽敞的空间内，才不会一天到晚有压迫感。有句话，我常挂在嘴边：“人要活在天地间，不要窝在小房间。”

外在的环境也很重要，这里的每一栋房子，都有大树环抱着。大树成荫，护卫着我们的孩子，也让我们的孩子尽情地在它身上爬上爬下。而我们也习惯在大树下吃饭、聊天、办活动。邻近的农地，种植着西瓜、青菜，农民也经常热情地和我们分享收成。虽然近年来，很多农地都休耕了，但一眼望去，乡间田野的景观仍在。

在这里，如同生活在自然课本里头，因为有植物的地方，就有昆虫、有鸟。四季都可以听到不同的虫鸟叫声，尤其是蝉鸣。下雨时，听听水滴的声音，或是听听远处的海涛声、海风的呼啸声。

我相信，孩子们在这样辽阔且美丽的空间下，与大自然零距离的亲近，尽情地奔跑、无拘束地成长，心胸自然也会宽大。

point

“人要活在天地间，不要窝在小房间。”外在的环境很重要，孩子们在辽阔的空间下，与大自然零距离的亲近，尽情地奔跑、无拘束地成长，心胸自然也会宽大。

爬树是训练孩子最好的活动

2011年我们正式认养了在弘化东南边，本属于林务局的五千平方米林地，以及东边大片的黄槿灌木山丘地，总共3.1公顷。现在这边有自然诱鸟的丰富生态林区、浪漫的百千层林间步道，还有让孩子尽情嬉戏攀爬的黄槿灌木林。

很多来访的家长被我说动，假日常带着自己的小孩，到我们这边来爬树，亲近大自然的怀抱。这也让我有机会观察到，多数父母对子女过度保护造成的亲子紧张感。更多的情况是，大人抗拒放手让孩子尝试，理由是："爬树多危险呀！万一掉下来怎么办？"

我忍不住直言："你自己小时候也爬树，那为什么就不危险呢？不放心的结果反而是磨灭了孩子的潜能！"这话一点都不夸张，我们这辈的人，以前当小孩时，爬树摘水果是很平常的事。现在不一样了！人口过度集中于都市，为了能多盖一些房子，结果把树都砍光了。于是现在的小孩，生活的环境中已经没有树可爬。当然也可能是现在的家长非常保护孩子，一点点的危险都不让小孩尝试。

即使看到我们院里的小孩轻松地在树上来去自如的"表演"，旁观的大人还是难掩紧张的情绪问道："林伯伯，这样会不会有危险啊？"我也正色回答："会啊！当然会有危险啊！但摔下来是对自己不负责，要处罚的！"

所以我们的孩子都知道，自己的安全是自己要负责的。这么多年下来，这里收养过上千个小孩，他们不只能够很灵活地爬树，甚至还可以从这棵树，荡到另一棵树，在树与树之间捉迷藏。真正因为爬树掉下来受伤的记录只有两次，而且只有轻微擦伤。从事任何活动，意外总是难免，相较孩子们从爬树的过程中,锻炼学习到的体能和技能,以及自我保护的责任感,大人的担心显得多余。

不要用自己的眼光来衡量孩子

我认为训练小孩手脚灵活最好的方法,就是爬树。小孩子基于自我保护的意识,怕自己掉下来,一定会非常小心,专注在手脚的每一个动作。久了之后,自然手脚灵活、脑袋灵光。比起所谓“潜能开发”“感觉统合”的课程,爬树既不用花钱,而且孩子得到的乐趣更多。

这话可不是随便说说。最简单的证明,是举办生活体验的期间,照理说一般家庭小孩,活动时跟院里的小孩集体行动,旁人根本分不出来。但我总是教义工一眼就能分辨的方法:“你看喔!那个表情紧张,用身体的三个部分当支撑,死抓着树干,只敢一点一点慢慢移动的,一定是一般家庭的孩子。”

假日的时候也一样,有些家长大老远带着小孩来我们这边爬树,结果自己就站在树下盯着小孩看,弄得树上的孩子紧张地全身僵硬,稍稍移动一下就引起树下的父母惊叫声不断。

看到这个情形,我就会开始“赶人”,请家长暂时离开一下:“你在旁边看,越关心他,他反而越容易掉下来的!”

家长应该都有经验,如果碰到跌倒后赖皮爱哭的小孩,这时若是上前安抚,小孩可能哭得更大声。相反的,若狠下心站在旁边鼓励他勇敢站起来,下一次跌倒时,保证小孩顶多嚎几声,自己就会摸摸痛处站起来继续向前了。

同样的道理,如果你信任小孩的能力,那他就会有勇气爬上大树!试想,这儿都已经有上千位小孩爬过了,你的小孩难道爬不上去吗?

现在的小孩吃得好又住得好,体型也发育得比上一代好。既然拥有这么好的条件,为何不让孩子有更高的挑战呢?家长千万不要用自己的眼光来衡量孩子,先把自己拉回自己还是小孩的时候,如果答案是自己孩子拥有的条件比当年好的多,那还有什么好担心的呢?为何要限制他对外的种种尝试？

让小孩随心所欲地“脚踏实地”！

很多访客看到我们这边的小孩赤脚玩沙，觉得没有鞋子穿，非常可怜。其实我是随孩子的意。他爱穿就穿，不穿也没关系，并不是没有鞋子供他们穿，更不是可怜！我常想，现代的文明世界，到处都是柏油路、水泥地，我们缺乏“脚踏实地”的机会。孩子也没有机会可以这样天真地随处玩沙呢！

脚底按摩治百病的理论，讲的就是古人赤脚走路，直接接受到本不平的路面的按摩，因而打通了筋脉，百病不生。现在的公园里，还特别设置鹅卵石的健康步道，让大家脚底按摩。所以我们假日晨走六公里，小孩如果爱赤脚走路，我就让他走，让小孩随心所欲地脚踏实地！相信这一趟走下来，脚底的每一个部位，应该都按摩到了。

这就是我们弘化小孩最棒的大地空间，其实大地是属于孩子的，受到大地眷顾的孩子，总是那么的天真、活泼。我们没有权利去剥夺小孩与大地的关系，就让孩子回归自然的生活吧！少一点人工的造作，孩子就多一份纯真！

Point

如果你信任小孩的能力，那他就会有勇气爬上大树！家长千万不要用自己的眼光来衡量孩子，先把自己拉回自己还是小孩的时候，如果答案是自己孩子拥有的条件比当年好得多，那还有什么好担心的呢？为何要限制他对外的种种尝试？

踏上六公里的身心旅程

几年前，弘化受邀到厦门参加“海峡两岸家庭教育研讨会”，我也在会上发表演说，讲的是小孩的权利与义务。同样跟我一起发表演说的厦门市教育局副局长，在演说中提到：“中日少年如果再次‘较量’，我们胜算几何？”

当下我纳闷到底中日的少年要较量什么啊？事后才其来有自。原来大陆有一本书《中日夏令营较劲》，写的是 1992 年 8 月，中、日两国的学生，在内蒙古一起参加草原夏令营的经过。

书中提到中国的小孩，边走边吃沿路丢弃垃圾。日本的小孩，虽然也一样边走边吃，但他们会将自己制造的垃圾，规规矩矩地用塑料袋收好，不会乱丢。中国的小孩生病了，就回到夏令营的本部休息。但日本小孩生病了，还是坚持到底，完成全部的行程，而且到了营地，很快地搭好帐篷、煮好晚餐。中小学孩到了营地，以为会有人来帮他们打点睡觉的地方，结果弄到最后，饭没吃饱、觉也没睡好……全书的内容大概都是呈现这样的对比，出版后引起中国各界广泛的讨论和反思，特别是教育界。

六公里较劲的背后

这个故事，让我联想到参加生活体验的小孩，跟着弘化小孩一起在清晨六公里竞走的状况。

我们弘化的小孩，只要开始念幼稚园，我就会让他们开始参加假日晨走。环绕弘化周边的六公里乡道，让孩子依年龄的不同，往不同的两个方向出发。这样一来，全员就会在途中相遇，以便点名。这项假日的活动早已纳入这里的生活常规，参加生活体验的孩子来到弘化，当然也要跟着弘化的作息，除非是天候状况非常不好才会暂停。

六公里竞走的一开始，大家通常都走在一起，但生活体验的孩子通常越走越慢总是调到队伍最后面。即使生活体验的大孩子一开始领先，但到后面也会落在我们幼稚园小孩的后面。有些甚至在途中赖皮不走，工作人员不得不在后面督促追赶。这一趟六公里的较劲，立刻就分辨出来，弘孩儿与一般家庭小孩的不同。

记得2011年，台湾首位奥运会奖牌的女得主，有“飞跃的羚羊”称号的纪政女士来到弘化参观，这位昔日田径场上的好手，跟我们分享她这几年不断在推广的“日行万步”运动。对于院内孩子固定在假日竞走六公里，她也表示印象深刻，如果以一步0.6米来算，那么一万步差不多就等于六公里，绝对是最健康的运动。古人说，“日行万步，百病不生”，也是这个道理。

所以，假日的六公里健行，碰上抱着体验玩耍的心情，走累了就赖皮不想继续走的孩子，我都是没得商量的重复强调：“你没得选择，就是一定要走完。”听起来似乎有点不近人情，但结果是每个孩子都乖乖地走完全程。

我绝对赞成小孩有自己决定未来的权利，但“正常生活”所该有的东西，那是没得选择的！在我看来，这一趟六公里的较劲，就跟前面所说“中日夏令营较劲”一样，让人担心台湾的教育已经走偏，过去我们认同的主流价值观也被扭曲。面对越来越多的儿童帝、小霸王、小公主，家长和师长都束手无策，其实回归正常，从最简单的开始，大人要懂得拒绝小孩无理的要求，相信很多的问题就不会存在了。

以全台湾为弘化的后花园

在假日里常常有很多团体到弘化来带活动、玩团队游戏，说实话，我并不喜欢这样的安排。相反的，我希望外面的团体，能多带我们的小孩出去接近大自然，而不是只来我们这边玩团队游戏！因为我自己是一个喜欢到处游山玩水的人，因此我也非常喜欢带我们的孩子出去亲近大自然。

回想过去我在东吴大学教书时，就常带着学生从阳明山出发，上大屯山、七星山，再从北投或淡水回来；或是从台北故宫出发走到内双溪、翻山经金山、万里、汐止，再从内湖返回学校，一整天趴趴走，沿途学生会跟我聊课业学习、生活上碰到的种种疑惑和想法，谁说师生之间的交流只能局限在教室内？

后来创办了育幼院，我也常带孩子出去郊游，北台湾的重要景点，几乎都走遍了。等到寒暑假有较长的时间，就会安排到中南部，每年举办几次三五天的旅游。以全台湾为弘化的后花园，真正脚踩它的每一寸土地。

我常讲旅游绝对是增广见闻的好方法。听到儿歌唱着："一二三到台湾，台湾有个阿里山。"所以孩子问我："伯伯，阿里山在哪里呀？"不去阿里山看看，光听儿歌怎会知道呀？我就想不如带着孩子亲自去阿里山走走吧！小学课本上写着高雄澄清湖，是提供大高雄地区饮用水的水源地，于是暑假我就计划带孩子去看看！让孩子去欣赏不同地区的景色、体验不同的风情民俗，肯定会让小孩的视野更辽阔。

直到几年前，跟一位喜欢登山的义工聊天，提到院内孩子旅游过什么地方。但这些景点，都是车子可以到达的地方；或是下车后，一天内就可以往返的景点，好像少了那么一点最原始的感动。

突然灵光一闪，为什么不带孩子去登山呢？去车子无法到达的地方，那才是挑战呀！于是从 2006 年起，每年暑期旅游的五天里，我们都会安排两天去登山。到 2012 年，我们已经登上了 12 座三千公尺以上的台湾百岳级大山。孩子们体验到高山宽大的胸襟、体验站在台湾屋脊上的感动，这样的价值绝对胜过一百个游乐场！关于登山过程带给孩子非常独特的经验和成长，我也将在后面的篇章中慢慢跟大家分享。

Point

我赞成小孩有自己决定未来的权利,但"正常生活"所该有的东西,那是没得选择的!假日的六公里健行,沿途碰上抱着体验玩耍的心情,走累了就赖皮不想继续走的孩子,我都是没得商量的重复强调:"你没得选择,就是一定要走完。"听起来似乎有点不近人情,但结果是每个孩子都乖乖地走完全程。

大自然是最佳的心理医生

来到弘化的访客，若有机会走进办公室，看到墙上挂满一幅幅小孩站在玉山、雪山上面的照片，总是禁不住发出赞叹地说：

“你们的孩子好厉害呀！”

“那你们想不想爬呀？”听到这话，我会立刻这样追问。

“怎么可能？要爬好几天吧？需要很多体能训练、准备很多装备才行吧？”

若是对方脱口而出这种没自信的话，肯定挑起我不认输的神经，面对众人的疑问，我给出这样的回应：“没有去爬，怎知道自己爬不上去呀？”弘化的精神，就是身体力行。有句话，我常挂在嘴边：“对的事情，先做了再说。没有去做，怎知道自己不行？”但一讲到行动，很多人常有一大堆的理由。时间不够、没有体力、没有能力、很难！做不到等等。问题是，如果只有理想却没有去实现，一切都是空谈。

爬山不只是看看风景，锻炼自己体能而已。更是磨炼耐力，考验坚持到底的毅力，以此证明自己是有能力征服大山，进而提升自信心的好方法。过了这一关，视野也会跟着不一样，心胸放大了，心病自然就消失。更别说，走入大自然，身体也会接受锻炼达到健康状态，所以我才会说“大自然是最佳的心理医生”。

不要剥夺孩子走路上学的机会

当然爬山只是众多运动中的一项，我并不是强调每个人都要把自己登百岳列入目标。相反的，我鼓励家长从最基本的走路开始，这是最容易做到的生活训练，随时随地都可以进行。

过去这几年，不乏有所谓的专家跟我讲，清晨五点起床太早了，会让小孩一整天都没精神。我的回答是："能正常走完六公里的小孩会没有精神吗？"偶尔也会听到人家说，吃素的小孩没有体力，会影响成长。但在我看来，我们小孩的体力，远胜过那些成天吃速食、三餐大鱼大肉的小孩。反而是很多家长都过于溺爱自己的孩子，每天上学、放学都要家长亲自载送，舍不得让小孩走路，我认为那才是抹灭小孩的潜在本能。反观弘化的小孩，一定是自己走路去上学、放学，除非是下大雨，我们才会载小孩去学校。

还记得我们小时候上学，应该很少有家长接送吧？大家都走得很健康，而且很开心。为什么现代很多父母要开车接送，剥夺孩子走路上学的机会呢？教育一个孩子，不是什么东西都为他准备好，才是对小孩最好的。从小自己走路上学，让孩子体会求学的辛苦，这样的孩子必定会更坚强、更懂得珍惜。即使不走路，自己学着搭公车上车，也是培养小孩独立的好方法。

同侪的孩子，一起走在上学的路上，互相照应、聊天，还能增进孩子们之间的情感，培养良好的人际关系。不止这样，在走路上学的途中，路过邻近的社区，跟社区内的长者打招呼、互动，进而了解自己居住环境的一切，建立社区意识，也是最基本的人际关系养成教育。

像我们的小时候，每天放学回来都会兴奋地分享很多沿途遇到的新鲜事：

"伯伯，学校出来的对面，有养一只大狗的那家，今天生了很多小狗耶！"

"伯伯，保安宫那边在放电影！可不可以让我们去看？"

每个小孩都有好奇心，即使简单的上下学途中，都是一次次有趣的探险。让孩子从小观察自己的环境、关心周边的人事物，这样教养出来的孩子，才不会过度自我中心，对于周遭的人事物视若无睹。

常常窝在小房间，提早睡在太平间

我常感叹，现代人很可怜，特别是都市生活，迫于空间狭小、房价高涨，每个人能拥有的空间，都非常有限。要知道，人会受到环境很大的影响，住惯了小空间，视野一定不宽广。如果可能的话应该住在较大的空间，当然能住在乡下，也是不错的选择。

奇怪的是，居住空间或许碍于经济或环境限制不能强求，但现代人似乎连休闲娱乐喜欢窝在空间狭小的室内。小孩放学后的第一件事不是赶到补习班，就是上才艺课。如果疏于照顾，孩子甚至可能跑到电动玩具场、网吧、撞球场。大人呢？情况也好不到哪儿。下班、放假后，就花钱跑到健身房去运动、跳韵律舞。运动流了汗，再被冷气吹干，这样身体会健康吗？只是从一个室内空间到另一个室内空间活动而已。

若待在室内，选择运动的话还勉强说得过去，很多人是下了班后，就待在家上网、看电视、吹冷气、吃零食，相信大家身边都有不少这类的宅男、宅女吧！个性直白的我，每次只要碰上这种人，就顾不得礼貌，忍不住好言相劝，“这样可是会生病的！”

前头说过，“人要活在天地间，不要窝在小房间”。这里我再加一句“常常窝在小房间，提早睡在太平间”。这也是我自己奉行不渝，并用来教育孩子的养生之道。

Point

爬山不只是看风景，锻炼体能而已。更是磨炼耐力，考验坚持到底的毅力，进而提升自信心的好方法。走路也是，每个小孩都有好奇心，即使简单的上下学途中，都是有趣的探险。让孩子从小观察自己的环境、关心周边的人事物，这样教养出来的孩子，才不会过度自我中心，对于周遭的人事物视若无睹。

吃苦和享乐要平衡

“因为我小时候非常苦，所以无论如何，我再也不要让我的小孩受苦。”

这话听来是不是很熟悉呢？在我们生活的周遭，常会听到辛苦打拼的家长们，用这样的方式来“爱”孩子！

事实上，这样的“爱”是没有道理的，因为人生有很多种不同的苦。而且这些苦发生在每一个人身上，又有不同的处境。也就是说，大人有大人的苦，孩子有孩子自己的苦，谁也没办法帮他完全承受的。如果人生不可能逃避该有的苦，那为何不让孩子尽早做好准备呢？

大人扮演强者，只会造成小孩的依赖

在我们院区的东北边，有块长满黄槿的小山丘，原本是林务局的土地，一直没有规划用途，长期荒置，看了非常可惜。于是我们主动协商，取得主管机关同意借用，请来众多义工，花费将近一年的时间，处理清运掉垃圾和碎玻璃，让荒置的山丘重现生机，现在更成为院区小孩自由活动的“树乐园”。

来访的宾客经常随着我和义工的带领，沿着步道散步远远看到我们的孩子在树叶间爬上爬下的活动，常会忍不住问我：“这样会不会太危险？”我都笑笑地回答说：“你越担心，小孩越紧张，越容易掉下来；我不担心，反而孩子都玩得好好的！”

印象很深刻的一次，是慈济大爱电视台前来采访报道，当时我们一位幼稚园的小男生，正要从山丘走下来。只见他把身体蹲低，慢慢地下坡，小心翼翼地避免跌倒。通行的义工看到这个状况，很自然地想伸手去牵他。但我马上制止：“你不要去管他，他自己会处理。”义工也马上了解我的用意，随即退到坡下，让小男生自己慢慢完成他的探险！

反倒是旁边看到这一幕的记者很惊讶，惊讶我们孩子表现出来的独立自主，也惊讶我们对待孩子能够如此信任放手。事实上，这样的场景每天都在院区上演，因为这正是我想要给小孩的东西。小孩本来就有他自己的本能，我们不能抹灭他的能力。你今天拉他一把，他就失去这次成长的机会，就算跌倒了，也要让他体验跌倒的感觉。如果连跌倒的机会都没有，那如何能累积败中求存的机会？在大人保护伞下长大的孩子，未来是没有竞争力的！

独立求生存，才是自然法则

有一年，我们带育幼院孩子在登玉山的途中，经过南投塔塔加一带，在路旁看到国家公园矗立着这样的标语："喂食台湾猕猴，会改变它的生态习性、影响它的觅食能力，请勿喂食！"确实，沿途我们看到很多登山的游客，任意丢食物给路旁的猕猴，那些台湾猕猴看起来似乎非常习惯人们的喂食，甚至因为游客给的东西太多了，它们还会挑食，只选自己想吃的，更别说很多食物吃到一半就被丢弃在旁边，不想吃了！

当下看了真的感触很深，我把握机会和同行的义工及孩子们分享："这个现象不只在塔塔加，在高雄柴山、还有台湾很多的地方，也是一样。人类依着自己的想法喂养这些动物，却让动物丧失了自己谋生的本能。"表面上喂养它们好像是爱护动物的行为，事实上却是害了它们。所有的动物都是一样的，老虎就是要在草原上奔跑、追逐、猎食，它的眼睛才会炯炯有神！如果是被关在动物园里的老虎，虽然不愁吃，但整天只能在有限的空间里走来走去，就会失去天生的气势。野生的狼、狐狸也是，需要自己不断地去猎食，练就一身精湛的捕猎技巧，才能活下来，这是大自然无形的法则。

这个话题引来大家的热烈讨论，孩子们马上联想到平常人家中饲养的狗和猫真的很好命，吃的、住的都由主人供给，只要有外人来时，吠个几声，就可以完成任务。甚至有些宠物狗还一天到晚被主人搂在怀里，娇生惯养。

结论是，这样的狗如果有一天不得不出去流浪，一定没办法生存的。

调整“给予资源的态度”

回头想想，教养孩子的过程，也不是同样的道理吗？舍不得让孩子吃苦，反而剥夺了他们学习独立的机会，对孩子造成的影响，不也是一样啊？很多家长都因为太“爱”孩子，所以让孩子“捡现成”，享受大人努力工作的成果，甚至还愿意为孩子承担未来的苦。

“快一点！快迟到了。爸爸开车送你去上学。”

“这东西不好吃，妈妈来帮你吃。吃饱了就去休息，妈妈来洗碗就好。”

“电费贵，自己舍不得吹，但看到小孩一直流汗，再怎样还是给他吹冷气呀！”

“看到孩子发烧这么痛苦，我真想替他生病承担啊！”

于是，习惯使用父母资源的孩子，在学校看到别人带新玩具，马上回家跟家长吵着要买，家长也很快地买来满足小孩，丝毫不费力就拥有想要的东西，孩子当然不会懂得珍惜；吃东西也一样，一包零食吃不到一半，就要再开另一包，结果那些没吃完的零食，就只得由节俭的父母承受了。

对待成长中的孩子呵护备至，当孩子长大了，父母又会做怎么的准备呢？考上大学，父母就帮他买车子代步；快要结婚了，父母就帮忙买房子，好让子女安心成家；甚至升格当祖父母之后，还体贴子女上班辛苦，一并揽下照顾孙儿的责任，似乎这一代的父母，都有牺牲自己、成就小孩的使命感。问题是，大人这么做，小孩又得到什么成就呢？很多家长常抱怨孩子不懂感恩惜福，道理很简单，当供给过多时，孩子自然就不会珍惜！所以修正孩子之前，大人应该先调整自己“给予资源的态度”，是不是给得太多？给得太快了？

现在不吃苦，以后会更苦！

来到我们这儿捐款的善心人士，很多都是事业有成的企业家。闲聊过程中，多少也会分享他们年轻时候的奋斗史，多数历经筚路蓝缕、白手起家的过程，好不容易才有今天的成就。现在他们怀着感恩的心情，用捐款和行动回馈社会。也因为创业奋斗的过程非常艰辛，即便现在生活富裕了，仍一直保持着简朴的生活习惯。这是台湾早一辈企业家，给人最典型的形象，对照今日社会，很多富二代养尊处优的负面新闻，让人不免担心下一代的明天！

其实吃苦和享乐是该有一定平衡的。如果孩子只懂得享乐，却没有吃苦，他必定也不会懂得珍惜的。更大的问题是，当有一天孩子不得不离开父母的羽翼时，孩子很可能就像草莓般软弱，一压就坏！如果继承了前人的事业，但没有继承前人吃苦的经验，又怎能成为一个成功的领导者呢？人生的道路漫长，现在不吃苦，那以后会更苦！

从现在起，别再“牵紧紧”，拼命想拉孩子一把，我们该做的，只是尊重孩子独立成长的权利。不要制造小孩依赖的机会，更不要以为自己多活几岁，就一定会比自己的小孩高明。扮演强者，只会造成小孩的依赖。成长的舞台，绝对是孩子的。放心让小孩自己去冒险吧！

Point

这一代的父母，都有牺牲自己、成就小孩的使命感。问题是，大人这么做，小孩又得到什么成就呢？当供给过多时，孩子自然就不会珍惜！修正孩子前，大人应该先调整自己“给予资源的态度”，是不是给得太多？给得太快了？吃苦和享乐是该有一定平衡的。如果孩子只懂得享乐，却没有吃苦，他必定也不会懂得珍惜的。

无师自通的蛇板达人

有一年,院区突然收到一件大型包裹,由于没有特别标注收件人,只写着育幼院的地址,工作人员拿着寄件者的姓名到处询问,结果大家都不认识。没办法只好直接打开包裹,竟然是一堆蛇板,看来应该是善心人士特地捐来送给小朋友的。这样的“惊喜”倒是偶尔会发生,我们确实常收到一些另类的捐赠品。

问题是,大家都不清楚眼前这时髦的两轮滑板,到底该怎么玩。因为一般的滑板多是四轮,就像汽车一样,虽然也需要一点技巧操控,但至少可以扶着墙壁练习,人站在滑板上可以维持一定的稳定。可是这款蛇板只有两轮,跟脚踏车一样,就算扶着墙壁,还是不容易站稳。工作人员苦思几天,还是拿这些蛇板没办法!

自己摸索学习的宝贵经验

看着一堆蛇板搁在角落,院内的大人也开始出现各种不同的意见:

“我们要不要在网络上公告,请会玩蛇板的人来教?”

“这种东西小孩会玩吗?好像太危险了!”

“要不要联络捐赠人,退还比较好,因为孩子不会玩,放在这边很可惜。”

没想到,小朋友的好奇心被这个新鲜玩具吸引,自己拿来玩了。几个小孩个头比较矮小,重心比较低,相对的平衡感、学习力,都比大人来得好。就这样,孩子们一摇一摆地玩了起来。一开始,小孩都是扶着墙壁,慢慢地站起来。或是一个人站在蛇板上,然后搭在另一个人的身上,慢慢地前进。但是只要手一放开,就跌倒了。幸好弘化小孩的优点是跌倒不会哭,这也是一直以来，我们给予他们的基本训练。试想哪一个学走路的小孩，不会跌倒？幼教专家不也说："使用学步车，会阻碍幼童自然站立的学习、成长。"

所以看着孩子自己尝试站上蛇板，屡败屡试，我们都很有默契地保持旁观，不出任何意见。只要在安全范围内，大不了就跌倒几次嘛！顶多皮肉伤，很快就没事，真的不会怎么样呀！在我的观念里，处于学习阶段的小孩，就是需要不断地跌倒，不管是身体上还是心理上，都要有接受挫折之后自己站起来的准备。

三天过去了，终于有一个小孩可以往前滑一小段距离了。虽然距离不长，但这个成功经验足以引起更多小孩的兴趣，纷纷过来尝试站上去，看看自己是不是可以滑动蛇板。

又过了一个星期，这群孩子进步神速，整个院区几乎被玩蛇板的小孩占据。看他们流畅地自由滑行，动作轻巧，真的很专业。以至于我不得不把他们都赶到大停车场去玩，以免影响院区内走动的空间。

假日来访的义工和来宾，看到孩子们滑蛇板的帅气模样，也纷纷表示想跟我们的小孩学蛇板。

"小朋友，告诉我要怎样可以前进呀？"

"后脚一直摇，就会动了。"孩子们争相传授技巧。

事实上，根本没有人教过这群孩子，蛇板究竟该如何玩，全都是他们自己摸索尝试出来的。孩子们在每一次的跌倒中，吸取失败的经验，只要不怕失败持续努力尝试，总有成功的一天。当然了！滑蛇板，速度快，难免也会有相撞的危险。最惊险的一次，两个小孩相撞见红，所幸送医后确认只是皮肉小伤，一天就出院了。在我看来，就算进医院，也是一次经验，一种学习，让孩子知道游戏时要更加谨慎小心，凡事都有其正面的意义！

大人不要预设立场，孩子比我们灵光

隔了几个月，一位善心大德到院内找我聊天，他看到满院区都是小孩在滑蛇板，非常高兴地跟我讲："林伯伯，没想到我捐的蛇板，你们的小孩

会玩耶！”

我笑了笑说：“原来就是你呀！捐赠者终于出现了。”

这位捐赠者非常开心地在一旁观看我们的小孩来回穿梭地滑蛇板，偶尔会秀几招滑蛇板的特技。离开前，他还热心地承诺再多捐一些蛇板过来，让孩子们玩个够。说到这儿，忍不住想一提，弘化的捐赠者，真的可爱又温暖。有时候常常见到人，却不知道名字。或者，常看到捐款有这个名字，但却不知道他们是谁。但我知道他们都有一个共同的心愿，守护弘化、一起照顾我们的小孩。

像这次收到“蛇板”这份礼物，不只为孩子带来欢乐，也给我带来教育的启示。很多时候，我们大人不要去预设立场，不要担心孩子不会用，更不用过度热心地想帮他们找老师。因为，大部分的时候，小孩子的办法是比我们大人灵光的，千万别小看他们！

Point

孩子们在每一次的跌倒中，吸取失败的经验，只要不怕失败持续努力尝试，总有成功的一天。就算受伤、受挫，也是一次经验、一种学习，让孩子知道游戏时要更加谨慎小心，凡事都有其正面的意义！很多时候，我们大人不要预设立场，因为，大部分的时候，小孩子的办法是比我们大人灵光的，千万别小看他们！

在黑暗中出发的勇气

很多人一听到登山，立刻就会联想到危险。没错！我们确实看过不少山难的新闻报道。但为了这“万一”的可能性，就打消行动，什么都不做难道就是最好的“预防”？

事实上，早在我们登第一座山开始，就有很多登山专家、义工，热心地给了很多提醒，包括：

“带育幼院的孩子登山？太冒险了吧！”

“孩子这么小，就要登山？爬得上去吗？”

“这样的装备怎么够？”

“路线规划不对喔！依我们登山经验推算，小孩子还要加一倍的时间。”

我非常了解，这些都是大家善意的关心。我也感谢这些热心的声音，最后都化成了默默付出的登山义工，每年陪伴着我们的小孩一起挑战百岳。但我还是要说，其实登山没有想象中那么的难，只要事前多一点准备，包括装备检查、体能训练、山训，加上慎选目标，让小孩尝试登山并不会有大问题的。

话说弘化的小孩，原本平常运动量就足够多，加上每年登山前两个月，我们都会安排一次或两次的山训，测试一下每位登山成员的体能；也让之前没有登山经验的孩子，先行体验登大山时，身心可能需要承受的负担。所以，印象中，孩子面对大山都没大问题，倒是陪同登山的本院义工有时候显得更吃力。

既然这样，为何还要为孩子安排登山活动？登山的意义在那里？对我来说，体力训练是其次，因为我们的小孩缺乏的不是体力，而是发生问题时，处理危机的应变能力，登山过程中，无从预料的大小挑战，才是真正的考验。

所以,弘化每位三年级以上的孩子,都要接受大山的洗礼,期许自己成为一个勇敢的孩子。

安全、不冒险的原则

我们的目的只是要让小孩体验高山的美、享受登山的过程、并拥有登顶的自信。所以各方面的准备工作,都是以此为标准,务必做到安全和体验的双重考量。比方说,若让小孩背过重的东西,只会消耗体力,这就不是我们要的。这方面我会请规划义工评估,如果需要请挑夫,这个费用绝不会省。毕竟我们不是专业的登山队,孩子只要负责带着自己的简单随身衣物、水、备用粮食,这样就够了。不会让他们有额外体力付出,我认为这才是最重要、最安全的做法。

另外、登山前的装备检查也非常重要,尤其是御寒衣服!每次登山前,我们都会有两次行前装备检查。第一次是活动之前,在院内的自我检查。第二次是登山前晚的装备检查,重点在防水打包、发放粮食,并再次确认御寒衣服。这时候,如果发现有人在登山包内夹带不应该带的漫画、玩具,或是过多的衣服等,就会被要求卸下。

不止外在的安全,就连孩子内在心理的安定,也是重点。最特别的是,每次在入山前,我们都会带领孩子郑重地礼敬山神。祭山仪式时,全员列队面对登山的方向,合掌虔诚地祈求登山平安。这个仪式不仅只是信仰,还有另一层意义,提醒小孩收起玩心,不要再嬉闹了。因为眼前的山路,处处充满危险,每个人都要专注地踏稳自己脚下的每一步。

最后,也是最坚固的防护,就是所有义工的协助,让孩子登山的过程更加地安全。其中本院义工因为和小朋友比较熟识,主要任务是陪伴和照顾,另外的登山义工则是登山活动的灵魂。来自各地的专业登山义工,会在重点式的地方像是断崖、崩塌处驻点,协助每一位小朋友平安地通过。万一碰上出现高原反应、体力不支的小孩,也是由登山义工协助撤退。

挑战百岳初体验

永远记得登玉山那一年,也是弘化第一次的登山活动,我已经69岁了,但自认身体非常健康，所以也跟着孩子一起上山。

在那之前，虽然我们也爬过很多的山，但挑战这种百岳级的大山，大家都没有经验。出发前，在院内的行前说明会，大家就不断地互相提醒，到山上要很小心，不要脱队乱跑。登山装备检查时，也一再确认，弄得义工、小孩都非常紧张。

出发当天，在塔塔加登山口，我带领大家对山神祈福，然后分成三个小队陆续出发，沿途经过好几个大小断崖，队伍很有秩序地前进，小朋友都不敢脱队，说真的，我们的小孩，体力真的不简单，8.5 公里的山路，一天就要爬升 800 米，上午九点在登山口出发，下午三点就已经到达中继点——排云山庄。

虽然已是盛夏的七月，午后的高山还是透着寒意，气温大概只有五度。行前专业的登山义工已经提醒过大家，海拔 3402 米的排云山庄，也是高原反应并发的关键高度，所以我们全都赶在天黑之前吃完晚餐，并早早入睡。但是入夜后的温差更大，不少人还是陆续传来头痛症状，这是因为高山上空气稀薄、气压也较低，身体多少会产生不适。症状也因个人体质不同，略有轻重，撑得过这一关，明天就可以顺利登山，不然，就只能放弃了。

凌晨两点，带队义工一一将小朋友叫醒。起床简单地吃过早餐，穿好御寒外衣、顶着头灯，等待出发。老实说，在高原反应、头痛的状况下起床，真的需要登顶的决心和毅力；而在夜里，海拔 3402 米的高山，顶着寒风出发，需要的则是勇气。

带队义工向漆黑的山路，跨出第一步，我们的小孩跟在后，不敢脱队。从排云山庄到玉山主峰，约 2.4 公里的山路，不时出现要拉着铁链前进的山崖，以及迎面的高山强风。约莫清晨四点左右，天色渐渐地亮、山路也看得清楚了。不过越往高处爬，气压越低、空气也越稀薄，高原反应的影响，也就越明显。有些人甚至开始呕吐！ 但是山顶就在眼前，大家互相打气鼓励，再忍一下就到了。当然，有我这老先生押在队伍的最后面，前头的小朋友，无论如何也要咬着牙爬上去的。

终于，赶在五点左右，全员登上台湾第一高峰——玉山（标高3952米），也看到了日出的第一道曙光！

在黑夜里出发的勇气

第一次的登山经验，确认了我们小孩的体力，只要在安全、不冒险的前提下，绝对可以挑战3000米以上的任何一座百岳级大山。所以从第二年开始，我们又陆续挑战了雪山、北大武山、向阳山、三叉山、合欢山主峰、东峰、北峰、西峰、毕禄山、石门山等十二座台湾百岳级大山。

每一次的登山活动，我们都选择在凌晨的黑夜里出发，除了是考量早一点出发，可以避免登顶之后，拖到天黑还下不了山。另一个目的是希望能赶在日出前登上山顶，带着孩子迎接第一道曙光。

其实我的心底还有一个没有说出口的理由，也是安排在黑夜里出发，更深一层的意义。弘化的小孩，多数都没有父母陪在身边。将来长大后，也是要单打独斗，不可能有父母在背后支持相挺。所以，我想把"在黑夜里出发"的种子，种在孩子的心中。

在黑夜里，大孩子勇敢地往上爬，初次登山的小孩子，立刻跟在后面，不敢脱队。遇到了断崖，我拉你一把，让你平安地通过危险；你爬不动了，我就帮你背起背包，分担你的困难。未来，如果人生遭遇到重大的挫折，失业了、事业垮了，我希望他们心中还会记得当年一起在黑夜里出发的勇气。团结在一起，彼此帮忙，迎接人生重新开始的那道曙光。

Point

登山的意义在哪里？对我来说，体力训练是其次，因为我们的小孩缺乏的不是体力，而是发生问题时，处理危机的应变力，登山过程中，无从预料的大小挑战，才是真正的考验。

登百岳，让我们不一样

登山活动这项独特经验，在小孩子的成长过程中，占有非常重要的地位。

每年有多少孩子能登顶是其次，我真正在意的是登山过程中，每一个孩子是不是都有满满的收获。至于收获多寡的衡量，并不是由山顶上那张团体照里面有几个人头来判断，而是小孩在下山后，有没有一直提起那段艰辛的旅程。即使当下可能因为太累，嘴上挂着抱怨，但那也是短暂的，我相信只要亲身参与过，孩子绝对一辈子都会记得，自己曾在某年夏天自我挑战登上大山的记录。

过程越辛苦，回忆就特别深刻。就像男生谈起当兵，总有说不完的故事，而且每一个故事里面的自己，似乎都非常英勇、辛苦。又好比一个成功的企业，创办人总爱说草创时期的故事，虽然充满艰辛，但也是一辈子难忘的吧！

所以我常说，让小孩去抱怨个几天吧！只要以后再讲起那段登山故事，能看到小孩眼中散发出无比自信，那就是我要给他们的礼物！

惊险难忘的毕禄山

就像2012年，孩子们同时攀登了毕禄山、石门山，两座山的难度刚好相反，事后的回馈也大不相同。孩子的反应，正足以说明挑战高难度的山，一辈子都会刻骨铭心；至于容易攀登的山，则跟走过的路一样，过了就忘了。

如同过往，我们在暑假的第一个星期，让小学三年级以上的孩子登高山。这年挑战的是毕禄山和石门山，其中毕禄山标高 3371 米，不是百岳中最高的山，但绝对是历年来，我们爬过最难的百岳级大山。三十几个孩子上山，最后成功登顶的只有七位，可以说是历年最少。

事实上，当初负责规划行程的义工，原本是准备让孩子爬奇莱山的。但因为诸多作业上的错失，临时将登山路线改为临近的毕禄山。又因为行程改变过于仓促，无法订到就近住宿的中继山庄，最后只能以一天的时间，勉强规划行程，这些因素都让登山的难度增加。

第一天由桃源出发，傍晚夜宿在南投春阳部落，隔天安排一整天的登山活动。为了让孩子能赶在天黑前回到登山口，全员在凌晨三点开车出发，抢在天刚亮时候到达登山口，争取更多在白天登山的时间。于是，由南投春阳开车翻越合欢山，来到另一个山头的大禹岭，刚好清晨五点天亮。早在这之前，五十位来自南北的登山义工，已经守在登山口等待，陪同孩子一起爬山。

按照惯例，大家先齐聚在登山口进行简单的行前祭山仪式，接下来孩子和义工们交叉编组，逐一出发。地图资料上记载着八公里的林务局产业道路，原本以为应该不难走，没想到实际行进约一公里后，才惊觉大自然的力量是如此可怕。荒废四十年的林道，经过几次重大的台风、地震、走山、地壳变动，几乎看不出这里会是一条可以让车辆通行的林道。几处较大的断崖，竟然需要垂直绕行二十几米才得通过，孩子走在这般景象的林道上，必须手脚并用地小心攀爬，方能确保安全，可见路况之危险。

林道的尽头，是一处五六十米高的瀑布顶端。看着瀑布水流冲击，场面壮观。不过要穿越瀑布上方的断崖，又是一番艰巨任务了。一不留神，很可能就掉到瀑布底下，为了安全起见，登山义工谨慎地拉起确保绳索，让孩子们逐一通过。

别以为这样就大功告成了，费力走完前面八公里的林道后，真正的重头戏才要开始呢！后面的山路，虽只有两公里的水平距离，却要爬升 800 米的高度。这样的山势，对一般登山客来说，已是一大挑战，更何况是未成年的孩子，要在一天内走上二十几公里的崎岖山路，对体力和意志力都是考验。

一路上，孩子们拉着绳索和树干，一步步地往山顶前进。拥有丰富经验的登山义工，有的随登山队前进，随时照顾孩子；有的固定在最危险的断崖旁，确保孩子平安地通过。其中有一处最危险的断崖，还要在孩子的身上绑上安全绳，确保万一不小心失足时，至少还有绳子可以依附。沿途惊险画面频频，这是过去几次的登山活动，从来没有的体验。难得的是，虽然山势险恶，最后还是有七位孩子顺利完成登顶。

回城跟去程一样，惊险画面全部重新体验一次，在最后一位孩子于晚上七点平安回到登山口后，职工立刻打电话给我报平安。当下的我，完全不在意成绩的好坏，心中只有感恩！感谢义工的协助，让我们的孩子有满满的体验。感谢老天爷的帮助，让我们的小孩，都平安下山。

当晚，孩子与义工们就在大禹陵用餐、夜宿。吃饱，洗完澡后，大家倒床就睡了。

隔天起床吃早餐时，义工宣布还要再登一座山，立刻引来小朋友的抱怨。聪明的义工，只好把我搬出来："林伯伯说，一定要看到石门山的团体照喔！"小孩也只得乖乖地听话。

其实，标高3237米的石门山，就在公路旁。大家以散步的脚程和心情，不到20分钟，很快就全员轻松完成登顶。义工在山顶帮大家拍下此行人数最多的团体照，让前一天遗憾没有登顶毕禄山的人，也能踩在三角点上拍照、过过瘾。

让孩子怀抱山一样的自信

后面的几天，安排了比较轻松的旅游行程，但是一路上，小孩之间聊的尽是登山的点滴。随行工作人员告诉我，做完九族文化村的云霄飞车，他听到小孩兴奋地说："这个真的够刺激，跟毕禄山有得比。"七月艳阳下，走在车？老街听导览解说时，几个男生小声抱怨："都已经叫我们爬毕禄山了，还要我们走这么久的路呀？"就连坐在日月潭的游艇上，明明人已经在轻松环湖，小孩口中说的依旧是："你看这边四面都是山，毕禄山到底在哪一个方向呀?”

好笑的是,最后一天,大家一起在新社古堡内用餐,体验古典城堡之美,顺便学习西式餐点的用餐礼仪。这时竟有小孩开口说:“这差别也太大的吧!毕禄山把我累得半死,然后现在要我在这边培养气质!”

想来是不是很有意思?孩子们开口闭口提到的,全是那座只有七人登顶的毕禄山。反而所有人都爬上去的石门山,事后完全没有人再提起,其中的道理非常简单,因为越是不容易得到的,留下的印象越深刻。

这也让我想到,学龄中的孩子,总会对师长的种种要求有所抱怨、批评,很多师长因此让步放水。我的看法刚好相反,该严格要求的还是应该要求,不满就让他们适度地发泄!我有我的坚持,对的事就去做,小孩子以后会懂得的。就像艰辛的登山活动,会在孩子的脑海中,留下永恒的记忆!唯有通过身心的严格锻炼,才能让孩子怀抱山一样的自信!

Point

过程越辛苦,回忆就特别深刻。该严格要求的还是应该要求,可以让孩子适度地发泄不满!但我有我的坚持,对的事就去做,小孩子以后会懂得的。就像艰辛的登山活动,会在孩子的脑海中,留下永恒的记忆!唯有通过身心的严格锻炼,才能让孩子怀抱山一样的自信!

要孩子相信自己,你要先信任孩子

在登山活动分享的最后,还想讲一个小故事,让我非常感动。正是因为这段登玉山之后延伸的效应,让我决定往后的每一年,都要带着我们的孩子登大山。

那是从玉山下来后,过完暑假开学了。刚好小学课本教到:玉山是台湾第一高峰。于是老师随口问:“班上有谁爬过玉山呀?”第一时间,班上同学没有一个人举手,老师也不以为意,正准备继续讲解课本内容的时候。突然有个小孩慢慢地举手!不是很有自信地举了半只手。但老师看见了,停下讲课进度问说:“你真的有登上过玉山吗?”“是的!老师。我刚刚在暑假爬上玉山。”小孩同时也说明了登山的过程,顿时每位同学都发出赞叹的惊讶声:“喔~好厉害呀!”

是的,这位小朋友就是我们弘化的孩子!

那天,小孩子高兴了一整天,放学后,回来跟我们讲到这段在学校的故事,脸上那种自信的神情,使我们从来都没有看过的!其实不只是这孩子,多数我们的小孩,在学校虽然也会跟同学有说有笑,不过当一般的小孩,轻松地谈起自己的父母、炫耀自己的玩具或多彩多姿的生活经验时,我们的小孩总是会刻意地隐藏自己,因为不想表现出自己的失落。但像今天这样,在学校被大家赞美肯定,整个人都变得抬头挺胸,对自己更有自信了,这是从来没有过的感受。

这个小故事传开后,参与登玉山的义工都说:“值得了!我们做的这一切,都值得了。”

是的，给小朋友糖吃、赞美他、带他去游乐场，都比不上给他满满的自信。有了那次的经验后，我更加肯定登山能带给小孩很多启发，让他们将来都能带着山一样的自信，迈向他们的人生。

我有自信，因为我做过了

经常有家长来问我，要如何才能培养孩子自信？我认为其实很简单；“凡事让他自己先去做！做过就会有自信。”

就像登山，我们的一些大孩子已经敢自己在夜里出发登山了。凌晨三点，在寒冷的高山上，面对一片漆黑，没有经验的人一定会怕，更何况是小孩，但我和义工们可以明显感受到差别，有经验的几位大孩子，总是很有自信地往上爬，跟那些第一次登山的小孩完全不一样！就像前面讲到的爬树，没有爬过就不知道怎样爬，一开始当然看起来笨手笨脚的，这样怎么会有自信？

凡事都一样，做过了就会有自信！在职场上很多有经验的人常会这样大声说话：“啊！这没问题啦！包在我身上，我做过几百次了。”

但是尝试的过程中，当大人的，不可以太挑剔。千万不要预先设定了自己的期望，然后再来要求孩子达到目标。孩子做的怎样是一回事，做了代表努力过，我们不妨就接受、欣赏他努力过的样子，这样小孩才有勇气做下一个尝试。如果爸爸妈妈从一边看、一边挑剔，找一大堆缺点，小孩子一定会非常挫折，下次说什么都不想再尝试了。结果是孩子没有勇气尝试，也越来越没有自信。

还有一点，我们要教会孩子相信自己。就像前头讲到刚学爬树的孩子，首先得让他相信自己是可以爬得上去的。当然，让孩子相信自己，你要先信任孩子，不要孩子才开始爬，你就在旁边盯着看，这样他反而很紧张，因为不想出错。问题是缺乏经验的情况下，要想不出错并不容易，结果越害怕出错，反而失误连连，大人看在眼里，难免表现出担心、责备，甚至忍不住在旁边下起指导棋，这样只会让孩子更加没有自信。

很多事情都一样，你可以先做给孩子看，但不要带着孩子做，或监视着他做。最好是让孩子自己完整地做一段，再慢慢来检视成果。有自信的人，一定要先信任别人，如果你一天到晚怀疑孩子会做不好，这样的气氛会感染给孩子，孩子当然就没自信了。

Point

凡事都一样，做过了就会有自信！但是尝试的过程中当大人的，不可以太挑剔，千万不要预先设定了自己的期望，然后再来要求孩子达到目标。孩子做的怎样是一回事，做了代表努力过，我们不妨就接受、欣赏他努力过的样子，这样小孩才有勇气做下一个尝试。

第二章:

没有课程的生活体验

从今天开始，跟你的孩子一起吃饭

很多家长都跟我提过家里小孩有吃不下饭的问题，或是每次吃饭都要拖很久。利用寒暑假的生活体验期间，我特别留心观察这方面，发现头两天因为还在适应，确实听到义工反映一般家庭的孩子动作比较慢，而且常会剩下饭菜。但很快地，在弘化生活一星期后，一般家庭的小孩，全都乖乖地提早十分钟在餐厅前等吃饭，而且吃光光，动作还挺快的。反倒是我们弘化的小孩，只有吃饭的音乐响了，才到餐厅前准备吃饭。

这样的现象，引起义工们的注意，纳闷着："为什么小孩到弘化就变乖？"

在我看来，其实不是小孩变乖了，而是习惯的改变，让小孩真的肚子饿，吃饭时自然吃得下！一般家庭的小孩，在家里几乎随时都可以吃零食。零食塞进肚子，正餐当然就不想吃。但来到弘化，规定只有用餐时间，才可以吃东西，小孩一下子适应不过来，前面一餐若吃少了，肚子一下子就会饿，下一餐的用餐时间还没到，人就坐着等开饭了。

让孩子饮食习惯变乖的魔法在于吃饭要正常、定时。吃饭也是一种教育，循循善诱地引导小孩养成良好的饮食习惯，对往后的身体健康，绝对有莫大的帮助。

外食潮流冲击亲子关系

在我求学的时期，因为学校还没有蒸便当的设备，午餐都是早上从家里带出门，装进铝制的硬便当盒，只用报纸简单包着保温。后来，便当盒改成不锈钢材质，学校也开始使用蒸便当的设备，学生总算可以吃到热腾腾的午餐了，一直到60年代，我担任校长的时期，学生们都是这样解决午餐的。当然偶有例外，少数家长中午会送便当到学校，不过几乎也是家里自己准备的。

那个年代，家人为孩子打理一日三餐，家人回家吃晚餐是理所当然的事情，虽然也有人是拿钱到学校解决午餐的，但毕竟不常有，学校福利社卖的零食，也只有饼干、面包等，虽然可以吃饱，但总比不上家人准备的便当。

不过随着时代变化，高度工业化的结果，家长们忙碌工作，渐渐地没时间准备三餐，让小孩自己拿钱到学校吃午餐，似乎变得理所当然。加上现代家庭成员变少，几个人开火煮饭，好像没效率，懒得动手，也助长了外食风气。

学校福利社为了配合这样的变化，顺势推出多元化的食物，满足需求，便当、泡面……统统开卖。我想近20年来，学校会统一办理营养午餐，除了营养均衡的因素外，应该也是配合社会变迁的对应政策吧！

午餐交给学校操心，晚餐呢！所谓的“钥匙儿”出现，很多孩子出门上学，带着一把钥匙，因为爸爸妈妈工作晚归，孩子得拿钥匙自己开门回家！放学后，大人不在家，孩子当然就没得吃，只好买现成的外食。

说真的，双薪家庭也是难为，很多妈妈跟爸爸一样在工作的，下班后往往累得没力气做饭。加上外头餐厅随处都是，装潢光鲜亮丽，口味各式各样都有，这下子不煮晚餐的理由好像更充足了，于是，继午餐转为外食后，晚餐也跟着沦陷了！

最令人惋惜的是，家长工作忙，下班时间也不定时，常常拖到晚上八九点才回家！如果准时回家，即使不煮饭，至少还可以全家一起到外面吃，现在却因为大家回家时间不一样，常常只能各自觅食。外食诱惑大，路边的鸡排、炸薯条、煎包、葱油饼全都是小孩爱吃的。这边是家长弃守饭桌，那边则是外食摊贩使力揽客，放学后小孩拿钱自己去外面吃饭，竟成了不得不然的趋势。

问题是，小孩子拿钱自己买，吃进什么东西，大人看不到，这是健康的问题。有的小孩宁可饿肚子，把饭钱省下来，去电动游乐场，衍生出安全和管教问题。更不用说，背后最大的损失是亲情相聚的可贵，亲子关系在外食潮流的冲击下，面临严重的危机！

别用钱解决全部问题，家长先以身作则

现在很多小孩都有体重超标的问题，其实不一定是吃得太好才过重，相反地，很可能是吃得不均衡，才会造成这样的现象！很多小孩下课时，就冲到学校福利社，往往正餐时间还没到，肚子就吃进一大堆零食。结果等到真正的吃饭时间，反而吃不下饭。更别说，这些零食的成分多半是淀粉、糖类，吃多了自然容易发胖。

小孩如此，大人呢！饮食习惯也问题多多！经常工作到很晚，有时候忙到很晚才回家，肚子饿了就吃夜宵，一旁的小孩，可能跟着一起吃。也就是说，吃完东西没多久就要睡觉休息了，反而让肠胃造成负荷，导致胃酸过多，甚至引起胃食道反流。长期下来，身体一定不好！

所以奉劝家长们以身作则吧！自己先养成良好的饮食习惯，小孩就会跟着做。还有一点，好好地管制小孩的零用钱，小孩就不会一天到晚买零食吃。

我真心认为，所有教育当中，以家庭教育最为重要。父母是小孩出生后，第一个见到的人，童年生活，孩子与父母相处的时间也最长，父母对子女的影响自然也最深。然而随着时空环境改变，父母的时间被工作压缩了，进而影响亲子相处的时间。再加上台湾的职场文化，真的对家庭很不友善，公司只会希望你加班多做一点，多赚一点钱，至于下班时间就自己衡量吧！多数公司完全不会考虑到员工的家庭。

但话又说回来，或许我们需要的，也可以不要那么多！钱赚再多，死了又不能带进棺材！人生不一定要住豪宅，买名车。当心抓在手中的东西太多，老天爷可能一下子全收回去。没钱万万不能，这点固然没错，但并不是任何事，都可以用钱解决。为了赚更多的钱，而失去健康、家庭、婚姻，甚至最重要的亲子关系，究竟值不值得？这点真的请家长们多想想。

在我们育幼院这儿，每个孩子一定要在院内吃早餐和晚餐，而且盛菜饭时，一定要跟我面对面，让我看见！希望看到这本书的家长，也能从今天开始，跟你的小孩一起吃饭，因为这是管教小孩，最关键的一环！

Point

吃饭也是一种教育，循循善诱地引导小孩养成良好的饮食习惯，对往后的身体健康，绝对有莫大的帮助。让孩子饮食习惯变乖的魔法在于吃饭要正常、定时。这方面家长们以身作则吧！自己先养成良好的饮食习惯，小孩就会跟着做。

大锅饭里头的温暖和责任

弘化几乎没有自己买过食材，我们吃的饭菜、面食、水果，都是善心人士主动捐来的。每年岁末结算支出金额时，伙食的支出总是最少的。

珍惜每一份食物

我们教孩子懂得惜福，珍惜每一份食物，感谢人家捐赠食物的情谊，所以，弘化没有馊水桶，因为我们要求孩子们，一定要把自己碗盘内的食物吃光光！

说到这儿，忍不住想起2008年马来西亚怡保的华人开办了安宁儿童之家，对方邀请我们前往交流的一段往事。

当时马来西亚方面，站在见习的角度，提出一些教养小孩的困难，其中也包括院内孩子不好好吃饭的状况。碍于参访时间只有短暂的一天，我没办法一一地分享经验，只能针对他们所遇到的问题提出建议。没想到离开前，行动电话响了，接到安宁儿童之家的院长打电话来道谢，表示我提出的方法见效了。

说实话，当下我一头雾水，直到院长表示："林伯伯，你说点心不要给足够的量，孩子就会乖乖吃正餐，我真的照做了！我们这里有21位小朋友，这几天我把正餐后的点心改成15份，然后跟小朋友说：'先吃完饭的人，才可以吃点心。'结果小孩很快地就把正餐都吃完了。真的非常感谢！"

马来西亚属于热带气候，小孩有事食欲不振，难免让大人头痛。为了鼓励孩子多吃东西，只好端出点心当诱因。结果，点心准备的越多，孩子正餐剩下更多，反而不知道珍惜。站在教育的立场，我并不赞成以"物诱"的方式来教育孩子,但如果迫于各种不得以,真的无法让孩子导向正轨时,还是偶尔要学着转个弯,于是我帮院长想了一个方法,故意把点心数量准备不足,结果小朋友为了要吃到点心,只得赶快将正餐吃完。

这是供给和需求的简单问题,当供给多于需求时,凸显不出东西的价值。相反的,供给少于需求时,就可以适时发挥激励作用了!虽然我还是不赞成正餐和正餐之间安排点心,但如果不得不然,非要吃点心的话,就让孩子在正餐结束后吃吧!前提是,正餐一定要先吃完。

再举个例子,有一回,某家保健食品的直销公司,带着他们的成员来我们育幼院参访。刚好碰上中午用餐时间,我开口邀请他们一起吃饭,当然每一个人的碗里,一定会有我给的俩大瓢水煮青菜。约莫过了半小时,大部分的人都已经吃完饭,陆续离座。但我却听到来访团体中的一位小孩在哭,理由是吃不下这么多的青菜。

这个小男生,看上去是小学中年级的样子,妈妈在一旁看着小孩越吃越慢,甚至还边吃边把吞下去的东西吐出来,心急的她,举起筷子打算帮小孩吃完碗里的剩菜。远处看着的我,马上出声制止:“在这边,每一个小孩,都吃一样的东西,为什么你吃不下呢?”

在我的威严质问下,小孩暂时不哭了,但是我一走开,他又开始对着妈妈哭个不停。这时围观的小孩也多了,大家看着这对母子僵持在饭桌边,场面有点尴尬。于是我请了院内一位初中生来帮忙看着这位小孩,务必让他把碗里的东西全部吃干净!同时我也支开了这位妈妈,找一位义工带这个团体到育幼院旁边散步。

不用说,这位妈妈要离开的当下,小孩马上放声大哭!但我还是硬着心肠,请这位家长和其他人暂时先离开!过了二十分钟,团体散步回来了,远远就看到这位妈妈走在团体的最前面,应该是想尽早看到自己小孩的状况。结果她人还没走近,我们的初中生就大声说:“他很乖呀!你们离开后,他就把东西吃完了,而且还自己洗碗喔!”

看到这个情景,大家立刻知道状况是怎样了。我们的小孩没有家长在身边照顾，能有三餐吃就非常感恩了。但这位被过度照顾的小孩，却要我们的小孩在旁督促，才肯把饭吃完！这样强烈的对比，完全不用我再去多做解释，就已经为在场的大家上了一课！

用餐是平等的

不只这样，用餐的平等也是我向来坚持的。在弘化用餐时，每一个人都是平等的，不管是大人还是小孩，义工还是客人，大家都吃一样的食物。而且我也不允许大人私下拿东西给某一个小孩吃，因为这样做，会让孩子起分别心，是非常不好的示范。

饭后的工作也是平等，自己吃饭用的碗筷要自己洗，包括客人。有时候，带着小孩的家长会忍不住想帮自己的小孩洗碗；或是夫妻、男女朋友一起来的，老婆或女朋友会想要顺手代洗，这时候都会被我和义工劝导制止，希望访客能在小孩面前，做良好的示范。因为平等之外，这更是负责的表现。

我知道“同行”的很多育幼院，会聘请专人的厨师煮饭。但在弘化不一样，我要求保育员，除了照顾小孩之外，还要轮流排班煮饭。目的是让孩子看到等同于“妈妈”的保育员，在“家庭”当中扮演的角色。当保育员亲自下厨料理三餐的同时，我也要求大孩子进厨房协助。透过这样的安排，孩子深刻体会到经营一个家庭的辛苦与负担，尤其是要准备育幼院的大锅饭，更是不容易。无形中这也是一种责任传承，孩子了解到准备三餐在一个家的重要性将来才会懂得持家。

为什么这点很重要？因为来到育幼院的小孩，其原生家庭都有一段不为人知的心酸。我们要做的，就是尽量架构出一个家，带给小孩基本的温暖。我认为在家吃晚饭，就是一家人维系情感最好的时光。不管是夫妻讨论事情，询问小孩功课，还是全家人围坐静静地吃晚饭，都是家人培养默契、进行沟通的好机会。

这也是我总站在第一线为孩子打菜的原因，吃饭时，每个小孩都避不了这一关。这是我的兴趣，也是我的坚持！听到社工汇报哪个小孩成绩好、表现好,我会利用这个机会,当面给予合理的口头嘉奖;如果保育员汇报谁不乖,当然也少不了被训一顿啦!

所以如果以后各位到弘化跟我们一起吃饭,万一听到我的嗓门大了一点,那我真的要抱歉了!

因为我正在处理“家务事”,管教我的孩子啊!

Point

在家吃晚饭,就是一家人维系情感最好的时光。不管是夫妻讨论事情,询问小孩功课,还是全家人围坐静静地吃晚饭,都是家人培养默契、进行沟通的好机会。至于餐前饭后要求大孩子进厨房协助的安排,则是可以让孩子深刻体会到经营一个家的辛苦与负担,无形中,也是一种责任传承,教导他们在未来懂得持家。

吃素是对自己的慈悲

古早时代，物资不是那么丰富，食物取得也比较不容易。怕食物不够吃，也怕吃得不够好，于是条件允许的人家或是一年当中特定的节日，有了进补的风俗，关心一下营养问题。但也是偶一为之，对于得来不易的食物，大体还是心怀感恩，不敢浪费。另一方面，农业社会里，即使家中没有务农，日常生活还是常有机会看到农夫下田挥汗耕作的情景，粒粒皆辛苦的道理，大家都能有所体会，进而产生珍惜的心。

反而到了今天，经济富裕了，多数现代人想吃什么就吃什么。就连古代只有皇帝吃得到的帝王宴，现在只要口袋有钱，统统都能端上桌。照理说，吃应该不成问题，但大家却吃出好了一大堆疾病。以前怕食物不够，现代拜科技所赐，机械化生产提高产量，造成某些地区食物过剩。加上商业、运输业发达，生活的便利性大幅提升，食物取得也较过往容易，于是吃不完就丢弃的浪费行为，到处可见，大家对食物的感恩，也不复从前。

这样的改变，着实让人无法心安。每日阅读经典，看到很多的民族、宗教一直到现在，仍然对食物保有神圣、敬重的态度，吃饭前都会进行感恩的仪式。我总不禁感叹，思考着我们对于食物又是怎么样的态度？

吃出健康，也吃出感恩

在弘化这儿，我们是吃素的，很多人以为是宗教的原因，但我希望大家能够更深刻地看待吃素这件事情，因为这不只是利他，还是利己的行为。

常听人说，“吃素是对动物的慈悲”。我认为这样的讲法并不全然正确。吃素其实是对自己慈悲。把健康吃进去，远离不健康的东西，当然是对自己慈悲！不杀生并不等于慈悲，释迦牟尼佛在世时，也没有规定出家人一定要吃素。现在很多国家的佛教修行者，也没有规定一定要吃素。严格来说，要当一个慈悲的出家人，是不一定要吃素的。所以说，吃素是对自己慈悲，慈悲的对象是自己。

看看大自然里面的牛、羊、马，都是吃最低等的草，干净没有经过加工、天然的草木让牛、羊可以健康地奔驰在草原上，没有营养不良、骨质疏松。基于食物在转换过程，品质会越来越差的道理，我们当然也应该追寻最原始自然的食物，才能得到最好的健康品质。千万不要为了满足口感，违反了大自然的法则。

吃得简单，才能吃出健康

来过弘化一同用餐的朋友，都会看到我在前面第一、二道菜把关，也就是最健康的水煮青菜。因为我知道现代人大都不喜欢吃青菜，所以我会特别要求来到弘化的朋友，一定要吃下两大勺的青菜。如果碰到体型圆滚滚的，我还会再多舀一点加菜，因为蔬食对人体最健康嘛！

偶尔也会碰到事业忙碌的朋友对我说："知道吃素对身体好，但是人在江湖，身不由己！在外面吃饭应酬，实在是不得不跟着吃肉。"

其实这不过是借口！关键在自己是否能够下定决心。记得我在当校长、"国大代表"时，也有许多交际应酬。当年我也曾经餐餐大鱼大肉地乱吃一通，吃到最后，身上长了一堆黑斑、一团肥肉。后来因缘参加一次法会，当时吃了七天素，念七部《妙法莲华经》。回来之后，居然一吃到肉就肚子痛或拉肚子！

因为这样的缘故，我改吃蔬食，交际应酬虽然照旧，但慢慢地，朋友圈里面形成"肉国""菜国"的不同成员，嗜好喝酒、吃肉的朋友，渐渐地离我远去。到现在为止，我的蔬食生活已经超过三十年，也瘦了二十几公斤，之前身上的黑斑都不见了，而且身体变得非常柔软。

我自己本身，就是吃素吃出健康的最好例证！吃进肚子的食物，真的不需要那么多的加工，唯有吃得简单，才能吃出健康！

Point

吃素不只是利他，也是利己的行为。把健康吃进去，远离不健康的东西，当然是对自己慈悲！所以说，吃素是对自己慈悲，慈悲的对象是自己。

晨读经典收益多

我们院内的孩子，每天固定清晨五点起床，简单盥洗之后，就到图书室晨读。幼稚园以下的，可以自由地翻阅故事书、漫画书，小学以上的大孩子，则进行五大宗教经典的背诵。长期下来，每天善用一个小时的光阴沉浸在书海，对学习有最大的帮助，孩子们也都养成晨读的好习惯。

不只这样，晨起附带的好处还不少，最明显的是，将晨起和早餐中间的时间拉长，总能提高孩子的食欲。根据我的观察，如果睡醒起床、洗脸刷牙之后就直接吃饭，通常胃口不会太好、吃不下很多东西。但是我们的孩子早晨五时起床，五点十五分集合背经，五点四十五分做佛堂清洁，六点一起诵经，六点二十分诵毕，做完室外清洁，全员在六点四十分一起吃早餐。

算一算，晨读背经加上清洁，前后经过一百分钟。等到吃早餐时，孩子个个胃口大开，全都吃得饱饱的，再走路或骑脚踏车去学校上课。难怪我们每位孩子身体都很健康，看起来也元气十足。

其实清晨早起念书，并不是我们弘化特有的，早在民国初年，北京清华大学就有集体早起晨读的风气。我看过一篇令人印象深刻的报导，2007 年世界读书日（4 月 23 日）那天，北大、清华等二十多所高校社团，联合号召恢复传统晨读经典的运动。就连美国学者史提芬·克山、日本广岛大学教育学研究科教授山崎博敏，也都曾针对学生晨读影响阅读力、学习力等，做过相关的实验研究，证实晨读确实具有正面的良性效果。因为人的头脑在清晨最清晰，人的性情也会变得沉静、稳定。而且清晨的环境相对宁静，读书效果也能提高。

早睡，自然能够早起

当然，早起的条件是早睡，否则睡眠不足的情况下，头脑不可能清楚，看的书也放不进去脑袋。

我希望小孩能在早上有晨读习惯，因此我也要求孩子要早睡。我告诉孩子晚睡晚起的人，就会错过大好时光，结果每个人都乖乖准时上床。依照传统中医的论点，睡眠是身体每个器官进行排毒的时间，晚睡肯定伤身。

再者，人的休眠时间是一定的。睡得少，精神不好，长期下来，身体当然不健康。但睡太多呢？身体也不会健康，反而感到不舒服。试想一下，如果让你躺在床上睡超过十五个钟头，起床的当下，身体是不是感到昏沉无力？根据医学专家的说法，睡眠是有效率差别的，入睡后的前面几个钟头的效率最好，若超过了一定时间之后再继续睡，休息效果就有限了。所以说，睡觉时间刚好即可，正常人大概是八小时。所以我把弘化作息的时间定在晚上九点就寝，早上五点起床，就是这个道理。

部分幼教的专家学者，提出小孩太早起床，可能影响成长的说法。针对这点，我要解释一下，对于学龄以下的小小孩，院内并无规定要在清晨五点硬把孩子从床上拖起来。除了年纪太小之外，尚不识字的小孩，无法参加晨读也是考量。但是学龄以上的孩子，让他们在清晨五点起床晨读，就大为有用。建议专家学者，别因为现代生活大家习惯晚起，就怪早起的不是！不妨回头看看许多早起晨读的道理和故事。

珍惜宝贵的晨光

现代家庭，很多孩子上学、放学都有父母接送，通学时间减少，赖床的理由却反而多了。不少孩子从起床开始，举凡折棉被、盥洗、吃早餐、整理书包，一直到上学沿途，全部都由父母代劳。

我听过最夸张的是，有些小孩起床第一件事，竟然是随手拿起身边的电动玩具，全神贯注地打个不停，完全无视旁边围着自己团团转的家长。先不论父母纵容溺爱造成的后果，如此珍贵的晨光，不用在锻炼自主和学习，而是虚耗在单调重复的声光游戏中，岂不遗憾？

前些日子还看到报道，年轻人熬夜玩线上游戏，结果不幸猝死在网咖。或许意外背后有着更多复杂因素才造成这样的悲剧，但有一点很肯定，那就是熬夜上网对健康绝对有害。网络信息的发达，让青少年沉迷熬夜上网、难以自拔的个案越来越多。结果为了拯救沉迷于网络的人相关单位只好设置“网络勒戒所”，帮助他们回归到正常的生活。

有人把这些扭曲现象究责于时代变迁，我并不能认同。没错！日出而作、日落而息，是传统农业生活的习惯。因为户外农务工作需要的日光，没办法用现代的照明设备取代，农夫为了能够多加利用白天的时间，只好抢在天亮的时候起床工作。随着文明进展到工业时代，机器可以不用休息地二十四小时运转，人类的生活作息也跟着改变．然而，是不是越文明的地方，人们就一定越晚睡呢？那倒不见得，举个例子，在工业发展的先进国家德国，他们的小孩几乎都在七八点就寝，睡眠时间非常充足，养成良好的家庭生活习惯。

我们当然要感恩科技带给人类的生活便利，但并不需要为此不断改变人类旧有的良好的生活习惯。早睡早起就是其中之一，对于新科技的使用进行适度规范也是其一，所以在我们这儿，弘化的网络都会设定时装置，只要超过晚上八点，就会自动断线。

如果你的孩子也是宅孩儿，请务必带他远离虚幻的网络世界，多多接触真实的大自然。最简单的第一步，请从养成早睡早起的习惯开始，对孩子的成长，肯定有大帮助。如果能够早起一小时进行晨读，然后再配合家长一起准备上学出门前的各项工作，不仅提高小孩的学习力，因为亲子合作而提升亲子感情的话，那就更好了！

Point

人的头脑在清晨最清醒，人的性情也会变得沉静、稳定。而且清晨的环境相对宁静，读书效果也能提高。所以我让孩子养成在早上晨读的习惯，同时也要求孩子早睡。这样做不仅能提高小孩的学习力，对孩子的成长，肯定也有大帮助。

以经典为师

延续前面提到的晨读我为院内大孩子安排的阅读内容，主要是宗教经典。这些经典里面的字字句句都是往圣先贤所说，由他们的入门弟子记录流传。经过时代淬炼仍然颠扑不破的真理，也是圣者、智者在生命过程中的深刻体悟和观察。

说起来，古人对孩子的启蒙教育，也都是从背诵经典开始的。因为越小的孩子，头脑单纯，背诵经文，最容易记得。虽然碍于年纪小，对于经义的内容和道理未必能完全理解。但随着年龄的增长，书读得越多，生命阅历也多了之后，幼时记在心里的经文经义，也能够慢慢体会理解，这时候，往圣先贤的智慧自然会对人生道路产生启发和指引的效用。

特别是因为我自己是念中文系的，更能理解这样的学习历程确实有其意义和作用，所以我才会把古人善用背诵经典的启蒙教育，也实际用在院内孩子的生活教育上。

清晨的心灵读本

当年为了替孩子精挑细选出值得装进人生行囊的礼物，每部经典我都是一个字、一个字的用心读过，有些甚至读了好几遍，最后才选编出弘化奉为精神粮食的五教经典。

这些经典都是流传后世，历久不衰，非常值得学习和终身奉行的文化宝藏。

力行的重要

在那之后，我会进一步让孩子背诵《金刚经》和《六组坛经》。因为《六组坛经》是唯一由中国人讲述的佛经，不管是思维模式还是语气，都让我们比较容易阅读和理解。而其继承了《金刚经》的精义并且把它发扬光大，所以我才会要求孩子背完《金刚经》之后，继续背《六组坛经》。或许读者朋友不太熟悉《金刚经》的内容，我简单为大家整理几个重点，像是：

一、成佛成圣之后，心态和行为仍然要保持和平常人一样，不能高傲自大。

二、成佛成圣最好的方法是持续不断地帮助别人，并没有任何目的，纯粹为了帮助需要帮助的人而已。

三、持续不断地帮助别人，一定会得到很多的福报，这是自然法则。

长久以来，记性好一点的孩子，都可以把这两部经典背熟，相信对他们的人生将产生很大的效用。教导孩子修善行的同时，也懂得在福报来临的当下，仍保持简朴的生活，绝不奢侈浪费。最重要的是，学着将多余的福报（财物、名位等）转赠帮助需要的人。这样一来，生命活得自在，才能真正的幸福快乐。

感应道教，提升生命的质

最后，还想分享一点个人研读佛法之后的心得，以此呼吁家长不妨试着从小带领孩子背诵经典，不管您的宗教信仰为何，同样具有效果和意义。

佛法认为人心有八种功能：眼识（视觉）、耳识（听觉）、鼻识（嗅觉）、舌识（味觉）、身识（触觉）、意识（分辨）、我识（自我），以及藏识（记忆）。最后第八识在佛法名阿赖耶识，译成中文较藏识，也就是超大型记忆库。而我在潜心修行的过程当中，确实深刻体会到人心存在着这八种功能。所以说，趁年轻时，尽量把经典（不管哪一个宗教）的真理，储存在第八识（阿赖耶识）里面，就可以终身享用不尽！

人的生命（灵魂）永远不灭，有肉体时的生命固然有知有觉，没肉体时的生命（灵魂：神是灵，鬼是魂，所以，平常称为神灵鬼魂），仍然是有知有觉的。不管你信不信，他们的存在是真实，试着去接触，慢慢就会感受他们的存在。背诵经典就是按照他说的经义展开修行，一旦为人处事顺应着他们的思想，内心自然也能对他们产生感应道交。

我常对孩子们打个比喻，只要知道对方的手机号码，不论他住纽约、旧金山或东京，号码一按对方手机响起，彼此就可以交谈。同样的道理，《心经》《金刚经》是释迦牟尼佛的手机号码，念了，他也会听到，产生感应道交，其他宗教也是如此。

想想看，这是多么好的事情啊！让孩子借由阅读背诵经典，每天储存一点，储存一点，长久下来必然可观，生命的质也就潜移默化提升于无形之中！

Point

古人对孩子的启蒙教育，也都是从背诵经典开始的。因为越小的孩子，头脑单纯，背诵经文，最容易记得。虽然碍于年纪小，对于经义的内容和道理未必能完全理解。但随着年龄的增长，书读得越多，生命阅历也多了之后，幼时记在心里的经文经义，也能够慢慢体会理解，这时候，往圣先贤的智慧自然会对人生道路产生启发和指引的效用。

做家事不难，养成习惯才是关键

从2005年开始，我们欢迎一般家庭的小孩来到弘化生活体验。在这边跟着大家一起打扫、一起在树下吃饭、并且自己洗碗，独立完成生活中的大小事，过着最正常的生活。短则几天，长则两个月，当体验结束，孩子回到家以后，家长给我最多的反馈是：

"以前完全都不做家事，但现在会开始帮我打扫。"

"以前吃饭要半天，现在自己很快就吃完了！而且会乖乖地自己洗碗。"

"以前早上会赖床，现在都自己起床，还会乖乖地自己折棉被。太棒了！"

而对这些"不可思议"，家长除了赞美感谢，也不免好奇我们是怎样办到的？为什么来到弘化，和同龄的小朋友，一起做清洁、整理物资，回家后，就会主动协助家事，这样的改变让外界和家长们大大地惊讶！在这里，感恩各界对于我和院区所有保育员和义工朋友的信任和肯定，但也要提醒所有家长，送孩子来参加生活体验，并不是要到我们这边来取经！因为做家事本来就该由家中的成员一起分担，自己的家，才是最好的训练场所。

做家事培养责任感

其实做家事并不难，不外乎就是扫地、洗碗、整理房间这类的工作。很多家长也表示，自己的孩子偶尔会帮忙洗碗、打扫，参与年终全家大扫除。但我想强调的观念在于，做家事不是会不会做的问题，而是有没有养成习惯！唯有养成习惯，将来才具备"持家"的责任感，关键在于"持"，也就是持之以恒的习惯。

养成做家事的习惯，孩子将来独立后，才会懂得如何照顾自己。将来为人父母后，也才知道如何打理自己的家。现在社会讲求两性平等，所以我们也会让男孩和女孩一起协助厨房的工作、洗衣服；学习如何修理基本的家具、水电。当然这些工作，不只是在公共区域而已。整理自己的书桌、书架、衣柜，学会保管自己的东西，这些都是为了小孩日后的独立生活，必须做好准备的基本教育。

无奈现代父母多以忙碌为理由，选择用钱来解决一切，用钱买晚餐、用钱请帮佣，表面上看来是节省了做家事的时间和精神，其实也等于剥夺了孩子学习做家事的机会！就算家事没有花钱外包请人代劳，很多过于“勤劳”的父母，或者应该说是“过度疼爱”孩子的父母，也常把家事全揽下来自己做，舍不得让孩子动手。

或许家长们抱持的心态是，做家事又不难，小时候能帮就能帮，等孩子长大有能力之后，自然就会做了嘛！问题是，越来越多已经三十几岁的“大小孩”不会整理自己的房间，每天还要爸妈帮忙打扫、倒垃圾。是他们不会做家事吗？其实不是不会做，而是家长一直以来做太多！让孩子觉得：“反正家事，我不做，爸妈自然会帮我做！”自己生活的空间变成别人的责任，自己反而不用负责。

别把做家事当成小事，以为不做家事顶多环境脏乱，又不会影响别人！事实上，参与环境打扫清洁工作，除了能够让小孩体认家事的辛苦，同时也让孩子在分担、分工的安排下，学习彼此互相合作。试想，如果对于自己生活的空间都不关心的人，当然也不太会去在意关心生活在空间内的其他人事物。将来出社会之后，又如何能主动担当事情、关怀周遭的人呢？

为什么是我？

看到这里，可能很多家长都满腹委屈，因为不是不让孩子学习做家事，而是“叫不动”，当然也就“教不动”。民主社会讲求尊重，孩子不能骂、不能打的结果，父母要孩子做点家事、分担一点工作，孩子却问父母：“为什么？为什么是我？”不做就是不做，父母也拿孩子没办法。缺乏责任感的下一代，我认为是国家、社会很大的隐忧！

正本清源，要培养孩子的责任意识，就得让孩子了解权利和义务是对等的，不能只想权利而不尽义务！天下没有不劳而获的事。不能茶来伸手、饭来张口。家长供给吃、住、教育，孩子就该配合在家做家事，在学校认真读书地尽义务。

别以为订定这样的法律是天方夜谭，因为在德国的法律条文中，就有明确要求孩子帮助父母做家事的条文：

六岁之前可以不必做家事。六到十岁：偶尔要帮助父母洗碗、扫地、买东西。十到十四岁：要剪草坪、洗碗、扫地及给全家人擦鞋。十四到十六岁：要洗车、整理花园。十六到十八：如果父母上班，要每周给家里大扫除一次。如果孩子拒绝执行，父母有权利通知相关部门，政府会派专门的执法人员来监督孩子执行法律条例。

施行细节我在这里不多赘言，想进一步了解的朋友，不妨透过网络和书籍，找到更多信息。我想表达的是，德国并不是世界上人口最多、国土最大的国家，但德国的强盛，世人是有目共睹的。相信关键就在于人家非常重视孩子的基础教育！包括学校和家庭的！

所以现在每次出席座谈会时，我都把握机会提出建言，呼吁政府和儿童福利相关的专家学者们，除了列孩子的权利外，也应该列出孩子应尽的义务（责任）啊！让老师和家长有所依据，才能有效培养子女的责任意识。很多立意良好的做法，唯有认真持续地要求，才能达到目的。如果子女相应不理，也应该给予适度的处罚，这样我们的教育才会有指望，不然大道理讲一堆，到头来说都是空谈。

练就待人应对进退的基本功

除了培养责任心之外，家人一起打扫环境，也是维紧彼此感情的机会。让家中的成员共同参与，一起合作、一起完成一件事，绝对是建立家庭共识的好方法。因此,我要求我们的保育员,不只教孩子如何打扫,也跟着孩子一起做家事。白天大家外出上班、上学,晚上回到家大家一起分工做家事,这样的家庭,感情怎么可能不好呢?

不只如此,打扫也是人际关系的培养,待人应对进退的基本功。我们在公共厕所不是常看到:“体谅打扫人的辛苦”这样的标语吗?很多企业主管训练班,也会要求主管体验扫厕所等基本工作。目的就是要领导者学习将心比心,体会基层员工的辛劳。所以在弘化这边,我们不仅让小孩动手做家事,平常有很多人捐米、捐物资,我们也要去孩子一起搬运、一起整理。希望孩子透过这样的参与,体验捐赠者的心意,更体会每一份捐赠的得来不易。

想想,只不过是鼓励孩子养成做家事的习惯,就能培养孩子的责任心、同理心,以及感恩的心。更别说还能达到训练独立能力、凝聚家人情感的效果,多么宝贵的学习,是不是很值得呢?请问,爸爸妈妈们,你还要继续抢着做家事吗?

Point

其实做家事并不难,不外乎就是扫地、洗碗、整理房间这类的工作。但我想强调的观念在于,做家事不是会不会做的问题,而是有没有养成习惯!唯有养成习惯,将来才具备“持家”的责任感,关键在于“持”,也就是持之以恒的习惯。

体验“失去”，才能懂得珍惜感恩

许多家长好奇：“弘化的生活体验到底教什么？上什么课？有没有课表？”我也坦白回答：“弘化的生活体验是没有课程的。外面的孩子到我们这儿，只是照着院内平日的作息，跟着大家一起生活而已。”

为什么只是单纯的生活作息，却让前来参加生活体验的孩子，在短短的时间内出现极大的改变，甚至回家后正面地影响家庭生活，改变持续发生。说实话，刚开始我也存着不解，随着观察的时间和实例越来越多，总算摸索出当中的道理。

真正体验到父母的爱

大致上，一般小孩到育幼院生活体验的状况，可以分为三个阶段：

第一阶段：顿失依靠，对陌生环境感到害怕

初来乍到，离开父母的保护伞，习惯有家人可以依赖的孩子，必须独自面对陌生的环境，难免会感到孤单、害怕。不同于其他营队活动，我们规定在弘化生活体验的期间，家长不可以给小孩手机或零用钱。也就是说，小孩无法自由跟家长联络，家长亦不能在这段时间到院探亲，更不能打电话来询问。当然啦，若有非常重要的特殊情况，自是另案处理。

不用说，前几天一定很多小孩找院内的师长依赖、哭诉，吵着要回家。这些都是自然反应，因为小孩想借此找回往日习惯性的依赖。

经历了这个阶段，小孩第一次感受到“失去”，才会懂得父母的重要，也才真正体验到父母的爱，进而产生感恩父母的心情。另一方面，失去依赖的生活，棉被要自己叠、碗要自己洗、什么事都要自己动手，孩子也不得不开始学习独立。

第二阶段，开始认识朋友，交朋友

顺利度过第一阶段后，小朋友也适应了环境，不再感到恐慌、孤单。一旦心灵安定，小孩的心会打开，注意到其实有很多其他来自一般家庭的小朋友，也跟自己一样，是到弘化生活体验，彼此开始认识做朋友。

在这里，有很多需要分工合作的机会，像环境的打扫，就是弘化所有院童每天必须做的基本功课，参加体验的小朋友也一块儿参与。大家拿着扫把，一起打扫周边巷道、球场、绿地、餐厅等，共同完成居家的环境整理。对于少子化家庭的孩子来说，这是难得的体验，能够和一群同伴共同完成一件事情，过程中需要协调沟通，无形中也培养了合作的精神、团队的荣誉和成就。

每逢假日，常有狮子会、爱心会等社团到院里举办活动，或是邀请院童出游、爬山、参观博物馆等。这时，外来的小朋友，当然也跟着一起活动，彼此分享体验，分享学习的成果。这些同侪团体的出游，参与正面的公益活动、教学性外游，不但让学童增广见闻，也留下在弘化期间美好欢乐的回忆。比起让小孩窝在家中上网、打电动，这样的假期体验绝对好上千倍、万倍！

虽然游戏、活动的过程中，小孩难免会打闹失和。特别是来自不同家庭背景的小孩，有着不同的生活习惯，因为认知不同、观念不同产生争执、甚至打架的冲突，都是很平常的。我认为这也是学习的一部分，所以除非必要，我和院内的保育员和义工都不会主动介入。

不管是哪一种形式的“沟通”，透过朝夕相处的交流，最后孩子们都有了更好的默契。据我所知，很多曾在弘化生活体验的小朋友，在离院后，彼此还保持联络，成为好朋友呢！

第三阶段，体验育幼院、关怀朋友

随着相处时间越来越长，在最后一个阶段，适应弘化的生活环境，也开始交到好朋友之后，小孩还会发现，院内有一群小朋友跟他们不一样，这群小朋友不是来自一般家庭，而是一直都住在育幼院内。这些小朋友的体力都非常好，每次走六公里，总是在队伍的最前面，吃饭从不挑食，碗盘里的饭菜也吃得最干净。慢慢地，可能在几次偶然的分享当中，敞开心胸的孩子会谈到彼此的背景。参加生活体验的小孩，因此逐渐了解到什么是育幼院，并且开始关怀这些与自己不一样的朋友。不过在这儿，有一点要特别强调，我们并不鼓励小孩在出身背景上面互相比较。

不只是一般家庭的孩子，我们的孩子同时也在生活体验。我希望院内的小孩，能在开放的环境下，多多地与外界接触、交流，早日适应所在的大环境，将来才能用健康的心态，衔接离院后的生活。

所以我非常乐见参加生活体验的孩子跟我们院内的小孩，彼此成为好朋友。有的小孩在隔年的寒暑假，还会回到弘化生活体验，原因是这里有“老朋友”！每年弘化的团游会、年夜饭，也有很多曾经到过本院生活体验的小孩，专程回来参加。

看到孩子们之间建立的动人情谊，我相信可以让院内的孩子更有信心，也让外面的孩子自发地引起善心，这也是当初我之所以创办弘化生活体验的初衷。

Point

很多孩子到弘化参加生活体验，暂别父母家庭的庇护，第一次感受到“失去”，这才懂得父母的重要，也才真正体验到父母的爱，进而产生感恩父母的心情。另一方面，失去依赖的生活，棉被要自己叠、碗要自己洗、什么事都要自己动手，孩子也不得不开始学习独立。

第三章：

教育者的反思

生活体验是一面镜子

前面聊到孩子来弘化参加生活体验的三个阶段,环环相扣。其实这里还有第四个阶段要分享,指的是家中等待的父母,家长也是需要改变的一环。

在孩子离家生活体验的这段时间,也是内心担忧、坐立难安的家长需要学习放下的时候。我常告诉家长,不但要信任弘化,也要信任自己的小孩,生活体验的对象绝对不只是弘化和小孩而已,也包括家长本身。想要改变,不是把小孩送到弘化就好,更重要的是在生活体验后,家长能够回想、反省自己的教育方式是否正确,并且以更积极地态度改变教育现状。

希望亲子在经历这四个环节的蜕变后,可以找回互动的正常关系,建立良好的相处模式,这才是我衷心的期盼!

让镜子来反映教育现状

我常说,弘化生活体验的"正常生活",是一面镜子!可以检验教育的镜子。

镜子照出了小孩的体能。是否缺乏运动?经常熬夜上网、打电动玩具?

镜子照出了小孩的饮食习惯。是否不吃青菜、不吃饭,只吃薯条、炸鸡和零食?

镜子照出了小孩的生活状态。是否见到师长不打招呼?对父母的爱不知感恩?

镜子也照出家长的管教方式。是否把小孩捧在手心上,过度溺爱?

镜子更照出我们社会状态。是否主流价值观已被扭曲?亲子关系已被错倒?

很多家长看到新闻媒体争相报导本院的生活体验，马上心动地把孩子送到弘化。但嘴上还是不免担心着："我的小孩能走完六公里吗？""我的小孩只吃素会不会吃不饱？""五点就要起床，小孩会不会爬不起来？""我的小孩会不会被欺负？""我离开后，担心小孩子会哭。"

这时候，我总会正色和家长沟通："你不用管这些！不要磨灭了小孩天生的本能。""孩子到了弘化，就是我的小孩，这些你都不用操心！""请放心离开，别留在这边黏着小孩！"

还有一些家长会不断强调："我的小孩有'过动'倾向，请你们要多多关心。"

当活动结束，家长来接小孩时，我总是根据实际观察，告诉家长："你的小孩很乖呀！这边生活规律，早上起床跟大家一起走六公里后，就乖乖地坐在那边，跟着大家游戏、上课，没有过动呀！"另外，最常碰到家长说："我的小孩胃口很不好，都不吃饭，希望到这边可以改善。"过了几天，我跟家长联络时表示：大部分一般家庭的小孩来到我们这边，吃饭都非常主动。每次吃饭前十分钟，就来到餐厅等待吃饭了。你家的小孩也一样啊！因为餐与餐之间，我都不准小孩吃零食，所以时间一到，小孩肚子饿了，当然会主动到餐厅报到，而且胃口好得很！

小孩是一张白纸，所有的生活习惯绝对与家长有关。如果小孩养尊处优、好逸恶劳，多事家长照顾过度的结果；如果小孩没有礼貌、常吵架、打架，甚至还会辱骂家长，恐怕是幸福太容易得到，不知惜福、感恩的结果；如果小孩经不起风吹雨打、在学校常被欺负，很可能是家长过于强势，让小孩一直在保护伞下，永远长不大。

相信小孩有能力处理自己的问题

多年前，由台湾"文建会"指导，并获得"新闻局"公用频道等奖的本院纪录片《我五十五个快乐的孩子》。影片的最后一幕，记录本院一位三岁的孩子自己不断地尝试，历经好多次的错误和失败，最后独立装好一面比他身体高一倍的落地型纱窗。在装纱窗的过程中，甚至还差一点打到自己。当时影片播出后，这个画面引起很多的回响和讨论，因为这在一般家庭是不可能的，家长肯定也舍不得。但我必须强调，当时那个孩子会有这样的举动，并不是被要求，而是出于好奇。

对于这点，我常叮咛院内的保育员或假日前来的义工们，只要是在安全的范围内，尽量维持观察者的角色，不要过度介入孩子的活动。“不要看到小孩跌倒了，就急着要去扶他。你只要在一旁看着就好，孩子自己会站起来的。”

请相信！小孩跌倒是有能力自己爬起来的。

请相信！小孩能安全地照顾自己，并爬上大树的。

请相信！小孩是有体力走完六公里的。

请相信！小孩在吵架的当下，是有能力来自我处理的。

请相信！小孩有无限的潜能，不要限制他、磨灭他的本能！

教错了，难怪叫养成了苦恼！

曾经有位家长告诉我，为了锻炼小孩运动，他就让小孩在前面跑步，然后自己骑车跟在后面。若是年幼的孩子，我还能够理解，但他的孩子已经高年级了！家长这样紧紧地跟随、保护，会不会有点夸张呀？连跑步都不放心，怕他出问题，孩子是学不会长大的！父母要做的是，尊重孩子独立成长的权利，别再“牵紧紧”，无时无刻地想拉孩子一把！

大人如果越要扮演强者，只会造成小孩子的依赖。大自然才是最好的导师，弘化的教育，就是以自然的法则，让小朋友自然地成长。凡事自己去摸索，自己去冒险，师长只在适当的时机出现就好，完全没有必要牵着他走。

很多人跟我说：“弘化怀幼院的生活教育做得很好。”但我都会跟他们讲：“不是我们做得好！我们只是在过正常的生活，要求院童有礼貌、勤劳、合群、早睡早起、每餐的蔬食要吃干净、每个周末假日要不行六公里……如此而已！”

其实这些都是再普通不过的事情，早睡早起是正常、把碗里的饭菜吃到一点都不剩，这也是正常。当然，让小孩打扫居家环境，更是正常。为什么“正常”的事情反而显得特别？是否我们应该先思考，哪些事情“反常”？或者应该说，哪些事情在社会结构改变后，也随之变化。很多时候，如果为人父母的，没有坚定的中心价值，就可能会错把压抑孩子的成长当成照顾孩子了。

Point

我常告诉家长，不但要信任弘化，也要信任自己的小孩，生活体验的对象绝对不只是弘化和小孩而已，也包括家长本身。想要改变，不是把小孩送到弘化就好，更重要的是在生活体验后，家长能够回想、反省自己的教育方式是否正确，并且以更积极的态度改变教育现状。

谁让孩子变成弱者?

前来我们育幼院参访的来宾,有时候也会带着自己的儿女一起过来。当大人在办公室聊天室,我总会刻意地跟一旁的小朋友说:“大人在谈话,小朋友在这边很无聊吧!去!统统出去玩,到院内走走,认识新朋友。”因为不希望看到小孩只会依偎在父母的身边,窝在房子里,受尽各种的保护。

我喜欢来到这边的孩子,能多多亲近我们乡下的环境、多多跟我们的小孩接触、一起玩乐。虽然刚开始,对这边的环境和人,多少会感到陌生,但小孩子适应力强,不用多久的功夫,很快就熟悉了。

学会尊重和放手

偶尔,小孩和小孩之间,玩着玩着会开始吵闹争执,这种情况很正常。想想我们自己的兄弟姐妹,在家里不是也会吵架吗?育幼院的小孩当然也一样会吵架呀!所以不管是我们自己的小孩吵架,或是跟外面来的小孩吵架,在我的眼里都一样是“正常”。小孩自己会处理,也会自己学着沟通解决,若非状况严重,大人实在没有必要介入太多。

但在几年前,院内还是发生了一次让我非常痛心的冲突!那年暑假,照例有很多一般家庭的小孩到育幼院生活体验。我们一位高中的大孩子,因故跟一位初中的生活体验生发生冲突。据当时围观的其他孩子描述,我们的孩子个头比较高,装腔作势要打这位初中生,结果根本没有打到对方,这位初中生就开始大哭了!

刚好这个时候,那位体验生的父亲前来接孩子回去,看见自己的孩子号啕大哭,立刻把我们的小孩揪进办公室,大声地跟我们的工作人员理论。

家长只是片面听信孩子说他被打，盛怒之下，这位父亲根本没有细究原委详情，就对着我们的工作人员破口大骂！当时，这位初中生仗着自己有父亲出面袒护，哭得更大声！不管我们的小孩怎样解释，他们也不相信根本就没被打！碰到这种情形，我们只有被骂的分。

好不容易，那对父子离开了。等他们离开院区后，却换我们的小孩哭了！看到眼前这个已经是高中生的大男孩脸上的泪水，义工们不禁一阵心酸，大家知道孩子为什么会哭，因为难过自己没有父亲帮他撑腰！事后听到工作人员回报这件事，我本来想找这位家长理论，后来想想还是作罢，原因是不希望孩子的心灵受到第二次伤害！唯一可以做的，只有好好安慰孩子，把这个孩子叫来面前："别难过！被冤枉委屈是成长的机会！人家的小孩是宝贝，你们是我的宝贝！"

事隔多年，当年的事件没有人再提起，但我深信孩子的内心在挫折后必定变得更坚强了。后来，他完成学业，顺利当兵、工作，每年父亲节，懂事的他都会送蛋糕回来为我庆祝，看着眼前个头高大的大孩子，除了勉励之外，我也不忘告诉他："这里就是你的家，永远都欢迎你回来。"

被过度保护的小孩

重提这段往事，还有另一个原因，我想告诉爸爸妈妈们一个道理，孩子的世界也存在着物竞天择的竞争，不管是一个班级还是一群小孩当中，总有一些常被欺负的弱者。这里我指的弱者并非物质条件，而是心理条件。一般人的观念，总认为责任都在欺负人的坏孩子身上，但我们有没有试着换个角度想过，为什么其他的小孩不会一天到晚被欺负？我并不是要替那些欺负别人的孩子脱罪，而是合理的怀疑，会不会孩子越是扮演弱者，反而越容易被欺负呢？这是物竞天择的道理，跟老天爷公不公平无关，在大自然里面，物种的竞争，弱肉强食原本就是如此。

问题在于，是谁让小孩变成弱者呢？就我的观察，多半跟父母的教养方式有关！如果大人一直伸手保护，小孩认为不管发生任何事情，都会有人在第一时间站出来替自己撑腰，所以就算天塌下来，他也不担心，自然也不懂得如何保护自己。结果是，大人越保护，小孩越容易被欺负。这些被过度照顾的小孩，某种程度可说是“实习不足”。刚跌倒，就被大人扶着站起来，根本没有机会自己体验跌倒的感觉、学习度过跌倒的难关。就像光会念书，却没有实际的操练，真正碰上状况时，怎么知道要如何运用方法解决问题呢？

还有一点，被过度照顾的小孩跟别人的合作能力也不足。社会常态原本是你帮我、我帮你，一起度过难关。但有父母撑腰的小孩，认为自己根本不需要别人的帮助，当然也就缺乏跟别人合作的经验。不懂得如何跟人家合作，人际关系自然也不好！

现实生活里，我们也常在社会新闻中看到这样的例子：富家小孩整天无所事事，开着父母买的跑车进出酒店、舞厅。闹事之后，就由老爸老妈出来摆平，每次闯祸都有家人想办法解决，结果小孩有恃无恐地为所欲为！最后终于惹出无法收拾的大祸，这就是家长过度保护的典型例子。

所以我常提醒到院内服务的义工们，让孩子知道你是关心他的，这样就够了。千万不要制造小孩依赖的机会，更不要以为你自己是长辈，就一定比小孩高明。刻意扮演强者，只会造成小孩的依赖。成长的舞台，不是我们的，而是孩子的。就让小孩自己学习成长吧！

给男生的建议

最后，想在这儿给爸爸妈妈们提供教养男生、女生的不同建议。我总觉得现在的男孩子，被父母过度照顾的结果，虽然个头长得不小，但是性格太过羸弱了！这不是发自内在的温文儒雅，而是胆怯。

很多家长怕孩子打闹，怕孩子受伤、被人欺负。但我会说，男子汉大丈夫打架正常嘛！俗话不也说“不打不相识”。一个男孩子在成长过程中，总要打几次架，才会茁壮。很多时候打架其实是激发出男孩子的勇气，尤其是那种路见不平的勇气。自己就是一个例子，喜欢路见不平，所以从小就常“肢体沟通”！

但也因为如此让我培养出大无畏的勇气，当初自己从来没在初中教过书，却天真地想当初中校长希望改变教育，于是我就写封信向有关单位毛遂自荐，结果上头真派我去当校长，也干得有声有色。后来在校长任内，遇上“中央民意代表”增选，有人建议我参选“立委”。我从来没碰过政治选举，居然也敢去参加“立法委员”提名登记。虽然没被提名，却因此被征召竞选“国大代表”，还以最高票当选。

但是在国代任期即将结束时，不想再竞选连任的我，竟然又发心想从事社会服务及幼保工作，从没学习过社工、幼保相关的领域，但我还是毫不迟疑就做了！而且做到不向政府申请补助，不主动对外募款、募物资！凭着实际的表现和成果，得到各界的捐款收入，我除了将善款用做帮助死亡无棺可葬者，济助急需帮助而求助无门者，还设立弘化怀幼院，安置照顾依法政府无法补助，但实际上却是无人或无力照顾的孩童。

这一路走来，正是因为路见不平，才有了改变的勇气。当然，我并不是鼓励大家动不动就打架，而是想要传达挺身而出的勇气与正义感，正式男人该有的坚持与气质。所以男孩子打架，家长不要大惊小怪，这是正常。我们只要引导他走向正义，打架就会变成了一种教育。

给女生的建议

女生方面呢？我觉得其实可以调皮一点。这里的“调皮”并不是电影《我的野蛮女友》那种类型，不是泼辣、赖皮、不明事理的。而是一种天真、没有心机的顽皮。

很多专家都认为顽皮是一种智慧的象征，代表有很多鬼点子，是有丰富创造力的。所以我说女孩子的调皮是可贵的，如果女孩子不顽皮，很可能她的智慧还在沉睡。希望爸爸妈妈们可以正视小女孩身上这样可贵的气质，不要在小女孩的阶段就开始要求她学习女性化的特质。

依我的观察，现在的女孩子普遍早熟，小小的年纪年纪就开始学化妆、重视外表。殊不知，外在的妆画多了，其实是会影响内心的。从小就学会伪装，索取别人的注意和关爱，结果就有了“公主病”这样的形容词，校园内到处都是受宠、受尽呵护的公主。这么多的公主，其实都是大人教出来的，也是电视、网络教出来的。

试问有多少家长会告诉小女生，浓妆艳抹不美，认真的女人最美；娇柔体弱不美，真诚善良才美。我不认为女孩子的教育一定要套进淑女的标准模子，活泼好动没什么不好，甚至跟男孩子玩一样的游戏，都是可以的呀！毕竟一个女孩子的成长过程，能有多少机会可以像童年这样自由自在呢？

Point

谁让小孩变成弱者呢？就我的观察，多半跟父母的教养方式有关！如果大人一直伸手保护，小孩认为不管发生任何事情，都会有人在第一时间站出来替自己撑腰，自然也不懂得如何保护自己。结果是，大人越保护，小孩越容易被欺负。这些被过度照顾的小孩，某种程度可说是实习不足。刚跌倒，就被大人扶着站起来，根本没有机会自己体验跌倒的感觉、学习度过跌倒的难关。

不要一直问孩子“好不好？”“要不要？”

有一年的暑假，某公益团体到育幼院办活动，活动的尾声，义工准备了一个大蛋糕，帮当月生日的小朋友庆生。现场十几位小寿星被邀请到最前面，围着大蛋糕，接受众人的祝福，唱完生日快乐歌后，主持人跟小朋友说：“今天有这么多人帮你们祝福，相信许下的愿望，一定会实现。所以我们现在请每一位寿星轮流许愿，然后大声说出心中的愿望！”

当时全场包括院内的小孩和生活体验的孩子，加上义工等，大约有一百多人，突然叫小孩面对那么多人许愿，说实话，他们多少有点紧张。有的故作轻松，许下世界和平，大家身体健康的愿望。也有的竟然大方直言：“我喜欢某某某，希望以后能跟她结婚！”逗得大家笑开怀。年纪最小的小小孩根本不知道什么是愿望，就由大家帮忙许愿。最多的状况是，闭着眼睛，紧握双手，开口说：“我希望……”三个字，后面就讲不出来了。但是从小孩脸上的表情，看得出来他们确实是很认真地在许愿。

后来轮到一位也是当月过生日的体验生许愿，主持人才开口说：“小朋友，换你喽！”这位体验生，竟然立刻拿起卫生纸，一边擦眼泪一边说：“我不要许愿，我不知道要讲什么。我不要！我不要！”

主持人只好轻声细语地对孩子说：“小朋友，今天的寿星都有许愿喔！让大家一起为你祝福，好不好？”但是这个孩子还是一直哭闹嚷着：“不要，我就是不要嘛！我不会啦……”弄得主持人很为难，频频努力想要圆场：“好不好？只是许个愿吗！还不好？”

这时从旁协助活动的义工想起我常说的话：“绝对不要去求小孩、拜托小孩做一件事”，马上果断地出面说：“那好吧，就不要许愿了。”总算才化解场面的尴尬。

结果这位体验生下台后，居然马上不哭了！对于这个孩子可以瞬间掉泪、大哭大闹，然后又能马上停止掉眼泪，在场的大人莫不感到惊讶！其实经验丰富的保育员和义工们心中已经有数，了解孩子一旦失去关注，想要“索取”的关爱不见了，自然不会再哭了。

盲目地错用民主

归咎其中的原因，恐怕是大人错用了民主，一天到晚问小孩：“这个好不好？那个要不要？”当然小孩只会回答：“这个我不要，那个我不喜欢。”

试着想象一般家庭的小孩，平常在家里是怎么庆生的？很可能是在生日这天，由父母买蛋糕、点蜡烛，全家人温馨地围着寿星庆祝。不只这样，这一天多半还会收到长辈给的红包、礼物。如果是懂事乖巧的孩子，大概会记得在生日这一天感恩父母，特别是母亲！如果是自我中心、成天被家人包围呵护的孩子呢？恐怕是抱怨：“这蛋糕不是巧克力的、不是冰淇淋的，我不要吃。”“这礼物以前就送过了！我不要。”

这里呈现出来的是一个对比，我们的小孩非常认真地许愿，因为期待心中的那个愿望，真的会实现，但是那位体验生却认为许愿是负担，完全不想配合。让人忧心的是，这位不肯许愿的小孩，已经学会要心机，借此试探大人的态度，索取更多的关爱与注意。就像跌倒之后，看到有大人在旁边，就放声哭闹、不愿意自己爬起来的小孩一样。身为家长，是要盲目地迎合小孩的索取？还是该了解孩子的想法，进一步修正偏差行为呢？

天真是小孩的原貌，如果大人在有意、无意间纵容孩子用心机，借着观察大人的态度，然后做出不同的表情，达到目的。这样的品德养成有瑕疵，会影响孩子一辈子。

我认为真正的“民主”，应该只适用于成年人，小孩缺乏足够的判断力、成熟的价值观，并不能完全采取民主。偏偏现在的家长没有体认到这点，只是盲目地用民主，反而被小孩牵着鼻子走。

别是现代很多父母对于什么是“爱的教育”并非全然理解，我在前面也说过，家长对孩子的管教，若没有自我的主见，很可能就会走上教育失败的路了。

Point

大人常错用民主，一天到晚问小孩：“这个好不好？那个要不要？”当然小孩只会回答：“这个我不要，那个我不喜欢。”但我认为真正的民主，应该只适用于成年人，小孩缺乏足够的判断力、成熟的价值观，并不能完全采取民主。偏偏现在的家长没有认识到这点，只是盲目地用民主，反而被小孩牵着鼻子走。

责罚孩子的标准

这些年来，无论是跟孩子的家长谈管教，或是跟育幼院的义工们聊家庭教育，无不深切感觉到我们的教育不断地在改变。有形的知识传授，例如教科书一直在改版，刚编修的课本没用几年就换新，弄得老师、学生无所适从。无形的品格教育也是，学校甚至家庭都不像过去那么重视做人做事的道理，学生对老师的态度、角色、立场一直在改变，家长的管教习惯、价值观，也不断改变。

随着科技不断地进步，人类生活形态、家庭组成结构、社会结构都不同。理当很多人、事、物，也会跟着调整，这是很自然的，而且也不是所有的改变都不好。但我认为根本的理论、价值观，应该不能随便改变吧？举个明显的例子，学生的“权利”越来越多，而老师的“权利”却越来越少。相较过去传统的威权管教，提升学生的自主意识并非坏事。只不过当教育现场的天平出现失衡，只谈智育，其它德、体、群都不谈的严重现象，却造成下一代诸多偏差行为和教养问题。

处罚要及时！

成人的行为，由法律规范基本原则，然后大家得按照一定的程序遵循。当人与人之间发生冲突时，依据法律来调节，再不然也可以控告对方，进行法律诉讼。不管是偷窃、抢劫、伤害，刑责都要经过调查、宣判的程序，才可以定案。有些案子，甚至拖上十几年，才能宣判结案。

以上是大人世界的惩处规则，但是对小孩却不可以这样、针对小孩的处罚，绝对要及时！

我们常常讲“机会教育”，就是有这个道理。遇到可以教育孩子的当下，绝不要错过，赏罚都是，当下就要让小孩知道！特别是在犯错的时候，要让孩子知道错在哪里，一旦拖延，小孩和大人都会淡化犯错的印象，对教育是不利的。

举前面的例子，我们育幼院曾收到善心大德捐来一堆蛇板，后来整个院区内，到处都是滑蛇板的小孩，快速地穿梭其间。这下子，不但影响到一般人的走动，也引起安全问题。所以我规定小孩要滑蛇板，只能到大停车场，不可以到院区内。但小孩也会投机图便利，不肯乖乖照规矩，经常为了贪快，从院区直接划过去停车场，结果就是险象环生，相撞、擦伤的状况频频。我的处罚原则是“先礼后兵”，既然规矩讲过了，不听话的人，当然就是等着接受处罚，绝不宽容！

处罚是让孩子有接受事实、面对错误的勇气

最后，我想提出处罚的另一个意义，是让孩子有接受事实、面对错误的勇气。

我们经常看到凡事不在乎的家长，就会教出对事情漫不经心的孩子。其实这不是血缘的遗传，而是父母教育的态度出了问题。比方说大人随手乱丢垃圾，孩子当然也有样学样，视为理所当然。家庭该缴的水费、电费总是忘记缴。理由是“没关系啦！迟几天再缴也可以！”不用说，这样的教育下，小孩也不会养成守时、守法的习惯，凡事能拖就拖，能混就混。不止这样，大人若带头投机钻漏洞，小孩看在眼里，对于是非的分辨力，也会失去明确的界线。

久而久之，碰到困难的事，就是采取拖延，不敢面对现实。而拖延的结果，可能引来更大的错失，于是变成恶性循环，为了逃避错误引来更大的错误！

所以我在处罚孩子时，一定会查出事情的真相，然后明确地告诉孩子，让他了解自己为何会受到处罚。为的是要教育小孩勇敢地面对错误，不可逃避！这样小孩以后面对自己的错误，才会有面对事实的勇气，并且勇于改过

迁善。

特别是我们育幼院的孩子，更需要建立这样的态度！因为他们当中很多人的上一代，就是因为犯下的错，没办法自己承担，才让下一代跟着受苦。所以我希望孩子一定要有面对事实、勇于承担的观念，避免不幸的命运，不断地循环。

Point

处罚的另一个意义，是让孩子有接受事实、面对错误的勇气。所以我在处罚孩子时，一定会查出事情的真相，然后明确地告诉孩子，让他了解自己为何会受到处罚。为的是要教育小孩勇敢地面对错误，不可逃避！这样小孩以后面对自己的错误，才会有面对事实的勇气，并且勇于改过迁善。

不要过度介入小孩的争执

大部分的时候，小孩都是很可爱、讨人喜欢的，但他们也有情绪、彼此间会发生冲突，尤其在寒暑假期间，院内增加很多一般家庭的小孩到我们这边参加生活体验，争执和冲突发生的机会也同时增加。

刚开始义工觉得有点苦恼，可是我告诉他们，吵架其实是一种沟通，更是一种学习。学习如何敞开心胸地接纳异己，学习如何寻找彼此的共同点、放下争议点。所以当我们看到小孩之间有争吵时，尽量要用正常心看待，并给予适当的引导就够了。

吵架是沟通，也是学习

在弘化这里，是以一般家庭所该有的基本功能来经营我们的院童之家。每一个“家”内，分别有七八个小孩，及一位担任父母角色的保育员。小朋友则是男女分家、不分龄，也就是说，每个“家”的组成，除了保育员之外，可能全是男生、也可能全是女生，但年龄分布会包括小学生，初中、高中生，甚至学龄前的小小孩。基本上，我让两到三个小朋友同住在一个房间内，这样的空间配置，既不会因为人太多造成压力，也不会因为人太少彼此无法照应。

就跟一般家庭一样，院内“家庭”的小孩之间也会有冲突、争风吃醋的情况。小小孩争的是大人的照顾，这个孩子看到大人抱别的孩子、给别的孩子东西，就会吃醋、哭闹，游戏时彼此推挤、拉扯的情形也会发生。大一点的小孩，可能是争玩具、抢东西。好奇是小孩的天性，明明每个人都有自己的玩具，但就是想动手拿别人的玩玩看。偏偏小孩子的肚量不是那么大，争吵拉扯的场面自是不少。加上初中以上的大孩子,已经开始有自己的思想,会群聚、结党,也会对异性产生好奇,有时候遇到理念不合,也会吵架、甚至打架。

院内包括我在内的大人,几乎一天到晚都得出面调停大大小小的纷争!看着孩子面红耳赤的到我面前,七嘴八舌的投诉告状,请我出面评评理:

“伯伯,他给我打啦!”

“呵呵!他‘给’你打还不好啊?”我故意挑小孩子的语病,逗逗他们。

“那他是怎么打你的?”

“他就抢我的玩具啊!”

“那么小气!东西借人家玩一下,也不会怎样啊!”

“可是上次我要借他的,他不给我啊!”

“那是他小气喔!你不要跟他一样嘛!”

“伯伯,他骂我白目。”

“请问你眼睛有没有黑珠?”我反问前来投诉的孩子。

“有啊!”

“他看不见你眼睛有黑珠,是他白目,不是你白目,你气什么?”听我这么一说,本来气鼓鼓的孩子反而笑了!

“你可怜他都来不及啦。还生他的气!真笨!”这下子,两个本来闹别扭的小孩,忍不住都朝着对方大笑,然后笑笑地走开了。

前面这两个例子,听起来我这个和事佬好像都在讲一堆多余的废话,完全没有针对吵架的事情进行处理。其实这是有道理的,因为人通常在气头上,就是需要冷静一下,让双方都先跳离当下的情绪,才可能看清楚问题的症结。以前的时代,邻里乡民间若有争执,第一选择不是上法院,而是请长辈出面调解。负责调停的长者,往往会叫双方坐下来,先喝一口茶再慢慢开讲!可不要小看那一口茶的时间,经常就发挥了拖延时间、转移话题的功用。

这招真的很管用,特别是小孩子都很单纯,加上服从度、可塑性也比较高，很容易就可以让他们转移注意力的。只要不将焦点摆在情绪上，就能回归到事情的本质。谁对、谁错，很简单就可以分辨了。有时候，根本也不用分对错，就像前面这样引导，小朋友不就笑开怀，大事化小、小事化无了吗？

厘清真相，让当事人知错

冲突争执时，如果要让当事人了解事情的真相，前提是要双方变成第三者。我们不是常说："不识庐山真面，只缘身在此山中。"因为当局者迷啊！让争执的当事人，能够站在观察的角度看事情，这是解决纷争的重点。就像前面的例子，我让孩子试着想想，自己是不是很小气？是不是错用了"白目"的词义？然后再慢慢引导问题的核心，这样有助于理清的真相。

跳脱出来之后，孩子会开始思考，看看那个不是自己的你，对还是错？答案自然就会出来了。如果那个人不是你，你认为他的行为怎么样呢？是不是该打？是不是不乖？让双方先当第三者，以观察的角度出发，因为第三者的角度比较中立，很多本来闹得不可开交的冲突点，一旦"对事不对人"，问题好像也不大了。否则双方只是在情绪里面绕圈子，永远也不会有结果的。

规矩是人定的，习惯也是一群人生活经验的归纳，不同的国度、民族，就有不同的规矩和生活习惯。小孩子也一样，有他们自己的规矩和习惯。当冲突发生时，应该引导孩子自己思考答案。如果打人是对的，那以后他也会被打；如果抢玩具是对的，那他以后一定会自作自受。孩子知道这个规矩，所以他也不敢乱讲。唯有让孩子自己说出真理，并且自发地共同遵守，才是做实际有效的方法。以自愿代替强迫，会让孩子得到更多的启发。

最好的老师，就是教导学生成为自己的老师，让小孩自己找到答案。千万不要在开始就讲一大堆道理，小孩听久了会"皮"的，是道德神经疲乏，也是赖皮！除非讲到最后，孩子真的说不清楚，大人再来补充。

重修彼此的关系，宽恕是一门功课

还有一点很重要，在是非、对错理清后，必须要重新修补彼此的关系。同在一个屋檐下的一家人，日后还要见面，总不能都怒目相视吧？所以争执冲突的结尾，我一定会带着孩子练习宽恕，原谅对方！

“好了！现在谁对谁错都知道了。那你要不要原谅他！”

“不要！”

“喔！你不原谅他啊！那我问你，以后你会不会犯错？”

“不太会。”

“不太会就是会啊！再问你一次，要不要原谅他？”

“不要！”

“那你觉得他该处罚几下？”（打手心的处罚）

“三下、大的。”

“喔！大力的要打三下啊？这样人家会很痛耶！”

“是呀！谁叫他要打我。”

“唉呀！就为了一个玩具而已，你就要让人家处罚大的打三下？那你以后犯错，人家也不会原谅你耶！而且可能会比这样的处罚更重喔！要不要再考虑一下？”

“好啦！原谅他！”

“人家原谅你了。”

“对不起、对不起、对不起。”我要欺负人的先向被欺负的小孩这样道歉三声，并且三鞠躬。

“谢谢你，谢谢你、谢谢你。”然后那打人的小孩要这样说，也是得三鞠躬。

“没关系、没关系、没关系。”最后被欺负的小孩还要这样回复。

原则上，由第三者（我）来处罚可让争议的双方，有个公平的标准主持正义。而且这样做，也是避免小孩日后会彼此报复。再来，透过言语、肢体的道歉、原谅，让小孩学习宽恕最基本的形式与过程。就算当下心中无法释怀，也要让小孩之间的恩怨，在我这边尽量得到平抚。

Point

吵架是一种沟通，更指一种学习。学习如何敞开心胸地接纳异己，学习如何寻找彼此的共同点、放下争议点。所以当我们看到小孩之间有争吵时，尽量要用正常心看待，并给予适当的引导就够了。最重要的是，厘清对错后必须要重新修补彼此的关系。因此在争执冲突的结尾，我一定会带着孩子练习宽恕，原谅对方！

三代同堂的管教难处

现代的夫妻，很多都不生小孩，只生一个小孩的算是常态，生两个以上的已经值得嘉许，如果超过三个以上的，还会得到政府的奖励、补助。也因为如此，在少子化的社会，每个新生命的到来，都成为家庭的重心。

普遍看到的状况是家中的四个长辈（爸爸、妈妈、爷爷、奶奶），照顾一个小孩，或者六个人（爸爸、妈妈、爷爷、奶奶、外公、外婆）照顾一个小孩。全家人都把焦点、期望，集中在唯一的小孩身上，结果不只大人辛苦，小孩也被过多的关心，压得喘不过气来。

相较过去的华人社会，多子多孙是一个家族兴旺的象征。相信跟我成长在同一个年代的读者，很多人家都有五位以上的兄弟姊妹，有的甚至还多达十几位。往往最年长的大哥，大姐，跟最小的弟妹相差十岁、二十岁以上。像我出生时，大姐已经二十二岁了，这样的手足年龄差，现代的年轻人可能很难想象吧！

为什么要特别提到家中孩子的多寡，因为它直接影响家庭教育。过去兄弟姐妹人数多，父母能够给每一位孩子的爱也比较平均，不可能过度集中在某个小孩身上。而且年长的大哥、大姐，也会协助父母照顾弟妹，这样一来，孩子对父母的依赖度，也相对降低不少。

孩子只是家庭里的一分子

我一直跟家长强调，维持一个家庭需要很多的分工，不要把焦点过度集中在小孩身上，只把小孩视为家庭里的一分子就好！一天的开始，父母外出负责赚钱，维持家庭的经济开销，小孩上学接受教育。放学、下班后，父母煮晚餐，小孩协助做家事，每个人都扮演不同的角色，一起维持家的运作。所以，每一个人都一样重要，每个人都应该被平等地看待。

就我所知，现代夫妻在结婚前，很多都会相约看电影、旅游，但结婚后这些活动却慢慢地变少。等到孩子一生出来，更是几乎全面停止任何的休闲活动。难怪很多人会说："婚姻是恋爱的坟墓。"其实大可不必这样。如果说家庭该有重心，那么重心应该是在夫妻彼此。

原因是根据统计，小孩跟着父母的时间，不到夫妻在一起时间的一半！小孩长大后，终究是要独立的，但是夫妻还得彼此相守着过日子。面对可能长达半世纪以上的伴侣，我们怎能不用心对待呢？所以我才说不要只在乎小孩的情绪，更应该在乎夫妻彼此的情绪。如果结婚前爱看电影，生了小孩后，就把小孩一起带进电影院吧！

适度让小孩知道自己的义务

另一方面，扮演家庭成员之一的小孩，也要对供给生活所需的父母负责。比方说，当一个学生，基本的要求就是把书念好，至少也要及格，过关，否则就愧对自己学生的身份。既对不起家长，也对不起老师。

除了念书，适度地让小孩知道自己的义务，也是教育的必备元素。家庭是家人共同居住的地方，环境清洁的维护，需要大家一起分担，小孩子也没有例外。家长必须要求孩子，从小参与做家事，一起打扫环境。天下没有白吃的午餐！家长没必要什么事情，都扛着自己做，这样只会把自己累坏，而且对孩子一点好处都没有！

说到这儿，对于有些育幼院，竟然将环境清洁的工作，外包给清洁公司，我真的感到非常遗憾！撇开一般家庭的孩子先不说，对于这些没有父母在身边的孩子，他们的未来肯定都要单打独斗，如果从小没有借着打扫清洁、操持家务，磨炼独立自主的基本功，这样以后怎么会有竞争力？又要怎么在社会立足生存呢？

教育的舞台是孩子和父母

聊了小家庭的亲子互动模式，我们再来谈谈三代同堂的家庭又是如何呢？最常发生的问题，是父母和上一代管教的落差。每年寒暑假，观察前来弘化生活体验的孩子，我常看到这样的情形，父母想让自己的小孩到弘化生活体验。但阿公、阿嬷却舍不得孙子、孙女离开身边；或明明只是一个小孩到弘化住一个星期而已，却动员三代全家十几个人为小孩“送行”；甚至还看到阿嬷亲自为孙女提行李的怪异景象！

纵观以上，阿公、阿嬷对孙子、孙女的溺爱，不但妨碍了孩子的独立，也影响到父母的管教。难怪三代同堂的家庭，一天到晚上演婆媳不合的戏码，教育理念、价值观的分歧也是导火线之一。

奉劝为人阿公、阿嬷的朋友，请把自己的位置，拉回为人父母的状态吧！如果你的父母当年没有干涉你对孩子的管教，为何现在要去干涉你的小孩如何管教下一代呢？长辈的智慧和丰富的育儿经验，的确可以供后辈参考，但也要尊重年轻人的意见和想法，毕竟教育的舞台是孩子和父母的，上一辈的父母实在不应该跃上舞台凑热闹吧！

我自己也当人家的阿公，但我完全不管儿女是如何教育他们的下一代。很多人羡慕我是看得开，其实我是把自己拉回初为人父母时，我的父母并不会干涉我如何教育儿女。所以在我儿女成长的过程中，我也不像现在很多的父母那么“尽责”，教养完自己的子女后，还要费心费力地照顾子女的子女。甚至我也不和儿女住在一起，让他们独立成长，学习完成他们的责任。

Point

维持一个家庭需要很多的分工，不要把焦点过度集中在小孩身上，只把小孩视为家庭里的一分子就好！每个人都扮演不同的角色，一起维持家的运作。所以，每一个人都一样重要，每个人都应该被平等的看待。

被过度安排的孩子

因为我们育幼院的床位有限，每年寒暑假的生活体验期间，碰到报名小孩太多的时候，便有安排床位问题。为了易于协调，多数家长只能先报名，再由我们统一安排时段，并不是每一个家长都可以指定日期的。

于是，很多家长来电商量："能不能拜托一下，我们家小孩一定要下星期日参加弘化活动。因为之后他又要参加另一个暑假生活营！"类似这样的情况非常多，可以说家长的来电中，除了询问相关的到院守则之外，几乎有一半的电话，都在协商时间更改的问题。

我这才深切感受到，原来多数的父母在寒暑假中，都为儿女安排很多的活动、营队。但各位亲爱的家长啊！真的有需要让孩子这么累吗？为孩子安排才艺营、生活营、英语营……甚至还安排海外游学，让孩子提早体验留学生的生活。满满的行程表让人不禁纳闷，这样马不停蹄地学习，小孩的寒暑假就真的会充实吗？

要赢在起跑点，就一定要学才艺？

相信不只寒暑假，很多家长是从小就开始为孩子安排琳琅满目的课外教学。我听说过一位五岁大的孩子，除了幼稚园的课程外，家长还特别花钱再去上潜能开发、节奏律动、儿童瑜伽、感觉统合、趣味数学等课程，一周七天排得满满的。一般的孩子即使没有这么夸张，课外学音乐、美术、舞蹈等才艺课也是非常普遍，没有上课外课程的小孩，几乎算是稀少的异类了！

进入小学之后又如何呢？举凡数学、自然、作文、美语……补习班统统都有开课，而且数学还特别强调是"资优"数学，对家长才有吸引力。但我以为，让孩子报名所谓的资优数学，就像是吃饭之外还要再吃补药一样能不能吸收的很好，就要看个人体质了。

我了解想让自己的孩子站上舞台，绝对是每一位家长的愿望。于是才艺班的老师拼命强调：学绘画将来可以当建筑师、设计师；越早学英语，以后上到初中、高中，就会比别人早一步会说英语；学音乐将来可以当老师、当音乐家，甚至可以出国比赛，为国争光！仿佛只要打出“赢在起跑点”这样的招生宣传，家长就会一窝蜂地照单全收。

竞争的舞台从学业到才艺，无所不包，孩子放学后到去处，也从补习班、安亲班，转战到音乐教室、才艺班。似乎如果没有学些才艺，人生就会输在起跑点。其实真有这么严重吗？过去我们这一代的孩子，几乎都没有去补习班，更没有学才艺，但也一样快乐地成长啊！长大之后，还是有很多机会可以学习发展自己感兴趣的才艺。并不一定非要从小把孩子送进才艺班，除非孩子真的有兴趣，否则只是满足了家长的虚荣心和责任而已！

不是将孩子交给学校，就等于了事

大家别误会，我并不是反对爸爸妈妈让孩子过度地学习课外才艺，也不反对在能力范围内，额外针对孩子的不足，课业加以补强。我想强调的是家长的态度，安排孩子上一堆才艺班、补习班的背后是为了孩子？还是为了自己？

曾遇过一位妈妈，原本是陪着小孩上小提琴课，结果后来自己也学起小提琴的例子。当然一定还有其他的才艺教学，是家长陪着孩子学，自己也受益的例子。在这边，我并不是强调家长一定要陪着小孩学才艺，也不是说这位学小提琴的妈妈很厉害，而是希望家长了解，无论安排孩子学习任何一样东西，都不是花钱交给老师就了事。家长需要投注更多的关心和陪伴，学习才有意义。

很多时候，孩子的学习成效不好，家长的反应几乎都是：“老师教得不好。”问题是，同一个老师教出来的孩子，有成绩非常好，也有成绩不理想的学生。意思是说，老师教给学生的东西，都是同一套，不可能这个学生教得多，那位学生教得少。成绩或表现差异的责任不全然在老师身上，跟学生、家长也有关。当然啦！学生个人的因素多半是资质的差异，天才型学生的努力和收获，效果自然比资质交差的学生好。那么家长的部分呢？则是有没有时时注意到自己孩子的状况，并给予适当的督促与导正。

教育绝对是“以身作则”的事，而不是花钱请补习班来“打发”儿女的教育！

很多现代父母嘴上说：“我怕我的小孩会跟不上别人，所以就花点钱让小孩去补习班，请比较有经验的老师补强！”这话其实是卸责，把辅导小孩功课的责任推给补习班，用钱解决！我认为小学的功课其实并没有那么难，尤其是低年级的小孩，只要在学校认真听老师讲课，回家后家长顶多只是看看作业、签一签联络簿就够了，实在没有必要让升学的竞赛提前开打。

再说并不是小孩功课不好，就非要花钱去补习，现在的家长，都有一定的基本教育程度。小学、初中阶段，很多基础的功课，家长也能够胜任指导的角色。现代人都有一个观念，“便宜的没好货，免费的一定不好”。似乎凡事都一定要以钱为交换的代价，认为自己教的效果比不上花钱请家教、上补习班。

其实由家长自己教的“家长辅导班”，不仅免费，还能让小孩体会到父母在意关心自己，效果绝对比外面的补习班好上一百倍。

大人加班，孩子也加班

还有很多家长送孩子到辅导班、托管班的理由是：“我下班时间晚，孩子放学又没地方去，只好花钱让小孩去托管班！”于是，父母自己加班，连带也让小孩变相地跟着“加班”了。少数家长甚至因为自己要应酬吃饭，就把小孩放在托管班或是交给家教，那更不应该了！

顾名思义，托管班的功能，就是由托管班的老师代替家长盯孩子写功课。为什么这种事情不能家长自己做呢？前面说过。唯有父母融入孩子的教育，才能教育出色的下一代。

我不否认如果家长真的加班，小孩确实需要安排地方来安顿。以现代家庭俩大人、俩小孩的标准来说，如果爸妈两人当中的一个人晚回家，但由另一人先带两个小孩回家，就只有一人在加班、如果是父母两个都加班，那么小孩只能送到托管班，就变成全家四人都加班了！

很多双薪家庭的父母可能会反驳，上面的状况当然是理想安排，但现实难如人意，不得已的情况下，夫妻俩人都得为五斗米低头，小孩也只能配合了。吊诡的是，夫妻两人加班赚的钱，又转手送给补习班了。这样荒谬的循环是否有必要？真的值得大家深思！

爱心陪伴的课业辅导

至于在弘化，这些没有父母陪伴在身边的孩子，课后的安排又是如何呢？基本上，小学低年级的小朋友，尽量由我们的保育员自己来教，因为低年级小孩的都不难，重点是在伴读。下午放学后，就在庭院里、大树下写完功课，差不多晚餐前就能完成了。伴读，让保育员更贴近小孩的教育情况，小孩的学习效果也会更好。高年级的孩子则除了保育员之外，还仰赖许多有爱心的义工前来协助指导。

Point

不反对爸爸妈妈让孩子过度地学习课外才艺，也不反对在能力范围内，额外针对孩子的不足，课业加以补强。我想强调的是家长的态度，安排孩子上一堆才艺班、补习班的背后是为了孩子？还是为了自己？教育绝对是“以身作则”的事，而不是花钱请补习班来“打发”儿女的教育！无论安排孩子学习任何一样东西，都不是花钱交给老师就了事。家长需要投注更多的关心和陪伴，学习才有意义。

错用物诱和交易的教育

假日的弘化，是很热闹的，很多团体会到我们这边办活动。活动的过程中，少不了会发奖品鼓励小孩。例如让小朋友回答一个问题就发奖品、或是出来做个示范也发奖品。说实话，我并不喜欢这样的方式！

如果我们教育孩子每一件事的出发点都是交易，这样的小孩以后心中就只有“当前的”利益交换，缺少延伸价值的判断力！对于难能可贵的“爱”，也会失去感受和领受的能力！

当驯兽师要求动物表演时，只要达成任务就会给东西吃，这种手段，我们统称为物诱！一些资讯展的展场、卖场，主持人为了要吸引人气，也会让观众抢答奖品，借此炒热商场的气氛，这样的场景跟马戏团没有什么两样！

然而办“教育”并不是为了吸引客人的简单商业交易行为，而是要对孩子有所启发，需要有深度的内容和方法。教育的对象是成长中的孩子，是有高等智慧与情感的人！孩子不是海豚、猴子，在动物园里运用的物诱手段，是训练，并不是教育。

物质的爱，变相的爱

少子化的关系，现代家长给孩子的爱和资源似乎越来越多，非常舍得把钱花在小孩身上，甚至有些父母对小孩是“有求必应”，造成小孩不懂得惜福的现象也不少。像是每一个学生开学，一定要换新书包。鞋子根本还没坏就要换新、逛百货公司一定要买玩具、玩具玩几次就厌倦摆一边……也因为这样，我们常收到捐赠者送来一大堆还可以使用的二手文具用品和各式新颖的玩具。

我感谢这些善心人士的美意,他们舍不得把还可以用的旧东西回收、丢弃,所以送给育幼院的孩子使用,让物品发挥功能。但我还是忍不住提醒,如果看到有新产品出来,就忍不住诱惑地买回来,然后把旧东西摆着不用,等到家中大扫除时,只好处理掉“占空间”的旧东西,将它们分送出去。这样不仅浪费,更是制造环保问题,也给小孩做了最不好的示范!一举三失的事情,非常要不得!与其会有这样的负面影响,我们为何不坚持那份“舍不得”的心,不去买新产品,好好把旧东西继续使用呢?

其实疼爱孩子的方式,并不在投其所好,满足小孩的全部要求是宠、不是爱。为人父母的重要责任,是灌输小孩能用就用的观念,尽可能地让孩子养成简朴的习惯。这样的孩子将来才能适应各种环境、才有竞争力。

据我所知,在欧洲社会,亲朋好友拜访对方的家里时,话题经常围绕在家里的家具用品,越是使用几十年的旧家具越受欢迎,得到的赞美眼光也最多。主人会详细地去诉说旧家具的历史,以保有上代留下来的家具为傲。这种精神不仅是怀旧,尊重历史,更是简朴的美德。这样环境所教育出来的孩子,当然价值观也不一样。我相信,能把身边的杯子都当成自己的“家人”,一辈子都爱惜使用,这样的人生是惜福的、也是幸福的。

零用钱是学习理财的“学费”

建立正确价值观、金钱观的另一面,也体现在家长如何给孩子零用钱,因为给零用钱跟买东西给小孩,其实是一体两面的教育。同样的,家长疼爱孩子的方式,不在于给零用钱的多寡,而在于给零用钱的方式与态度,以及如何引导孩子学习正确的消费习惯。

印象很深刻的一回,我无意中听到两位家长在聊天“较劲”,当甲妈妈说:“我每一个星期都固定给孩子一千元。”乙妈妈马上接着说:“这样哪够用呀!还要吃饭,买些有的没的,一千元是不够的!我都给一千五百元。”让人感觉两位妈妈似乎通过给孩子零用钱的多寡,反应自己疼爱孩子的程度。在这段对话里,家长想要展现的不只是自己爱孩子,更想展现自己的大方。

我认为，家长舍得给小孩零用钱，这点本身其实没问题，关键是，家长有没有同时教会小孩如何使用金钱。如果说零用钱，是小孩学习理财的“学费”，家长就该好好珍惜这些学费，并站稳家长该有的立场。以我们弘化为例，偶尔也会带孩子去夜市、大卖场学习如何花钱。大孩子给两百元，小孩子就给一百五十元，让他们自己决定晚餐要吃什么？要买哪些东西？前提是钱花光，就绝对不会再给。

小孩拿了钱，都非常开心地去逛卖场，因为可以自己支配自己的零用钱。有些小孩非常聪明，在卖场绕完一大圈，比较了所有的东西之后，才决定要吃哪一样东西。有些小孩看到喜欢的就吃，根本就不比较。有些小孩则是拿了钱也不吃饭，直接就去打电动、买玩具。

根据随同的保育员从旁观察，过程中，孩子们总是你一言我一语地讨论着“这个火锅套餐比较贵一点，但是有附小菜，饮料耶！我们两个合买来吃，一定会饱。省下来的钱，就可以再去买其他的零食。”或是“听到大卖场里面卖的炸鸡腿比麦当劳便宜，这样一次就可以吃很多只炸鸡腿了！”类似的对话，反映出来孩子平常的常识和观察力、判断力。当然也有冲动型的：“哇！这边有电动玩具耶！先玩几次再说！”

不管如何，我认为都没有关系，因为这个活动的目的就是要让小孩尝试每一种花钱的体验，也让小孩学习承担每一种花钱的后果。

那些只顾玩，没有吃饭的小孩，回来肯定会吵着要东西吃。这时，如果大人心软给他东西吃，那么小孩就失去一次学习的机会。所以我会请工作人员，一定要坚持立场，无论如何，在下一次用餐时间前，绝不可以给他东西吃，就是要让他挨饿！这样才能深刻体验到乱花钱的代价。

让孩子学习衡量物品的价值、学习如何付钱，包括当场点收找钱。当然也学习控制自己的欲望，学习如何量入为出，这才是学习花钱所该有的“课程”。

给零用钱的态度也非常重要！

给钱的态度也非常重要！孩子是一张白纸，还没有成熟的判断力之前，你教给他什么，孩子就照单全收。

很多父母给小孩零用钱，是没有立场的。只要小孩开口，家长就满足小孩的需求。结果小孩不但不知珍惜，甚至养成挥霍浪费的习惯。长大之后，这些小孩很可能花的钱比赚的多，最后沦为“卡奴”。

还有一些家长把零用钱当成叫小孩子做家事的薪资，相信大家都听过、看过类似的亲子账簿，到最后，孩子理直气壮地：“妈妈，我扫地要一百元、倒垃圾五十元、洗碗一百五十元……这个星期总共要给我一千五百元。”自食苦果的伤心母亲只能说：“孩子，妈妈从小养你不用钱？早上煮早餐给你吃不用钱？你生病时照顾你不用钱？”

这又是物诱与交易错用在教育的典型例子。父母把做家事和零用钱绑在一起，于是孩子觉得开口向父母索取零用钱是理所当然的事情，结果反而让孩子拿到钱，却不懂得感恩！

在我们育幼院里，也一样会发零用钱，但我会把钱分成两个部分。第一个部分是固定的零用钱，在每个月底固定存到小孩子的账户内。另一个部分则是奖金！

每年的登山活动，爬到山顶的就会给奖金。功课好的、进步很多的、学校运动会有得名的，也会给奖金。针对优良表现颁发奖金，是象征性的适度鼓励。

其实花钱了事、用钱敷衍教育的例子还很多，这里真的无法一一列举。不过我在此，衷心希望身为家长的朋友，能够善用钱做好教育，而不是让钱成为教育的负担！我也期望每一位家长不该只是扮演那个“赚钱回家的人”；或是忙了一整天，只在清晨跟小孩“打招呼的父亲”；或是一星期才出现一次的“假日父母”。因为唯有父母多费心地投入孩子的教育，才能教出优秀的下一代！

Point

为人父母的重要责任,是灌输小孩正确的价值观,养成俭朴习惯,将来才能适应各种环境、才有竞争力。而不是一味满足物质需求,甚至用物诱代替教育,造成小孩心中只有“当前的”利益交换,缺少“延伸价值”的判断力!对于难能可贵的“爱”,也会失去感受和领受的能力!

最怕亲子不同调

现在很多家长的作息、甚至是生活习惯，都与孩子不同调，这点非常不好，会产生严重问题。例如孩子要上学了，家长还躲在被窝里睡觉，让孩子自己准备出门、自己拿钱买早餐。要求孩子在放学后好好用功读书，家长自己却在一旁跷着二郎腿、吃零食、看电视。或是孩子熬夜读书，家长自顾自地上床睡觉，相信如果你自己是小孩子的话，恐怕都会觉得："为什么我要这么辛苦？"

不只是作息与生活习惯，亲子不同调的还包括家长的言行，很多父母讲的话与孩子在上课时听老师讲的不一样。比方说：

"把拔（爸爸），老师说不可以吃槟榔、乱吐槟榔渣耶！""唉呀！这个没关系啦。这么多人在吃，也不差我一个。""把拔（爸爸），老师说垃圾要丢垃圾桶，并做好分类。不可以乱丢垃圾。""你们老师不懂啦！垃圾本来就有人会来扫。没关系啦！""妈咪，老师说不可以赌博耶！""我这不是赌博啦！只是打牌，消遣时间而已。没什么大不了的啦！"

上面举这些例子只是小事，家长或许会不以为然，但却会深深地影响小孩的教育。老师讲的跟家长不一样，小孩会感到无所适从！小小心灵的标准也因此混淆。如果只是不良的生活习惯，只会造成个人或身边人的困扰，但如果是吸毒、偷窃，甚至是重大的犯罪行为，对孩子的影响可就深远了。许多弘化收容的孩子，他们的父母就是走上了犯罪入狱这条不归路，小孩才不得不送到我们这边来。

最高明的教育是“不言而教”

所谓亲师生合作，共创三赢！家长对孩子的教育，要跟学校老师教的同步调，这是最基本的。如果能够积极一点，家长和学校密切地配合，效果肯定会更好。比方像是孩子的联络簿，不应该只是流于形式上的签名，家长应该仔细翻阅，关心小孩状况，把联络簿当成跟学校、老师双向沟通的管道。如果可以对学校事务投入多一点心力，也是挺好的。以我来说，我们的孩子读桃园县沙仑小学，我自己就当过好几届沙仑小学家长会长，尽量从各方面协助学校和孩子。

我们常听到：“这对夫妇常做善事，到处帮助别人，难怪他们的小孩会这么优秀，真是功德无量，善有善报啊！”其实是不是真有功德？我们不知道。但可以肯定的是，家长的身教一定深深地影响着孩子。

依我来看，教育分成四种手段：“不言而教、言而教、骂、打。”其中最高明的教育就是“不言而教”！为了达到这个目标，在弘化怀幼院，除了有关保育专业的工作以外，我积极地让义工参与我们的活动。这么做，除了是让真正想要贡献的人，有可以发挥的舞台外，也希望义工以其自身的表现、助人不求回报的精神，来影响我们的孩子，甚至影响我们的工作人员！这就是最上位的教育：“不言而教”！

学校教的公民与道德，是书本字面上的叙述，我们称这叫“理论”。放学后在家中与家人的互动，或与同侪之间的相处、与邻居的互动，这就叫“实习”。后者有赖家长深入的引导，甚至是家长的“身教”，才能教出优秀的下一代！家长要好好把握让小孩试验、尝试错误的学习阶段。我们不怕小孩犯错，只要知错就能改，付出的代价就值得了！因为过了理论与实习的阶段后，才是真实人生的开始。长大成人后，一切的所作所为，都要自己负责。

我常说：“很多小偷、罪犯，其实小时候都是天才型的学生。”原因是，要当小偷，除了胆大心细外，还要精明冷静的头脑，才可以突破各种门禁，达到目的。光这点本领，就让人不得不另眼相看，只可惜能力用错了方向！如果父母在小孩的成长过程中，都能时时观察孩子行为的变化，随时纠正调整，相信孩子的行为不会出现严重偏差。避免孩子在成长路上学坏、走歹路，家长要负的责任真的很重大！

Point

教育分成四种手段：“不言而教、言而教、骂、打。”其中最高明的教育就是“不言而教”！为了达到这个目标，在弘化怀幼院，除了有关保育专业的工作以外，我积极地让义工参与我们的活动。这么做，除了是让真正想要贡献的人，有可以发挥的舞台外，也希望义工以其自身的表现、助人不求回报的精神，来影响我们的孩子，甚至影响我们的工作人员！这就是最上位的教育：“不言而教”！

享权利也该尽义务

2010年7月，接到“台北市关怀青少年协会”的邀请，请我到厦门参加名为“孩子责任感”的研讨会。当时我心中有点纳闷，因为在育幼院教养方面，我既不收政府补助的孩童，而且一直走自己的路，怎会有人邀请我参加研讨会呢？

后来才知道，该协会的宗旨是在导正青少年偏差行为及不正确价值观，这样的讨论有别于只在“纸上作业”的评鉴制度、理论教育，因此引起了我的兴趣。据说在大陆流传着一篇文章《把自己的孩子交给别人打》，讲的就是我们弘化的教养，也就是孟子所说的“易子而教”。这应该也是我受邀的原因之一吧！

这次的活动是由“台北市关怀青少年协会”与“福建省厦门市海沧区关爱下一代工作委员会”共同主办的“家庭教育研讨会”，研讨的主题是“家庭教育与孩子责任意识的培养”。

这样的交流会很难得，我也从中获益不少。做任何事情都一样，办教育更需如此，除了自我检讨外，还要跨出一步跟不同文化进行比较，看看全世界的人如何教小孩，才不会变成眼光狭隘的井底之蛙！

两岸都有“过度溺爱”小孩的问题

值得一提的是，这趟交流让我发现“过度溺爱”小孩的问题，不只发生在台湾，在大陆也很严重。两岸的华人家庭教育，都有一样的现象：小孩有点小表现，长辈立刻跳出来鼓掌：“你好厉害喔！”这是过度关注的不合理鼓励。护送孩子上学，完全不让小孩参加户外活动，更舍不得小孩做家事，这是过度的保护。小孩要求的东西，家长一定买给他，大人给零用钱也不手软，导致学校失物招领处的文具成堆，没人要领回。这都是少责罚，又太过轻易满足的结果！

不知道这是不是跟近代中国的历史背景有关，上一代经历过苦难的日子，所以不想让下一代也过一样的生活。加上我们这边养儿成本过高，社会乱象过多，使得大家都不敢生孩子。大陆则是因为人口过多实施“一胎化”政策管控生育。不管如何，结果都是少子化的家庭结构，形成家中四个或六个大人照顾一个小孩，焦点过度集中在孩子身上的怪象。

只不过大陆已经把问题浮上台面，由教育官方单位在处理，并且倾全力在恢复传统、提倡国学。反观我们台湾对过度溺爱的问题，却还停留在报纸杂志和民间的讨论！拷贝了欧美的社会福利条文、教育制度、却没有学到人家的精髓，更别说我们的社会背景、纳税制度，都跟欧美不一样，全盘复制反而带来更多问题！

条文规范儿童的权利，却忽视儿童应尽的义务

为此，我在演讲时特别提出来，儿童福利学者只强调孩子的权利，却很少主张孩子也有应尽的责任和义务。虽说儿童是“无行为能力人”，宪法规定儿童应尽的义务只有一项：“接受国民教育”。但总有相关的规范要遵守吧？像是孩子生病没办法上学时，要向学校师长请假，不能无故跷课。当然也不可以失学、辍学！还有，学生在学校要专心上课、按时交作业、守规矩，不打架、不当坏孩子……就是义务！受教育的责任、义务是可以延伸的，相信各级学校的校规也明确地定出很多的规范。

问题是，孩子如果不遵守，怎么办？如果不能处罚，只剩下纵容！家长要遵重孩子、不可骂、不可打的结果，父母要孩子做点家事、分担一点工作，孩子却反问：“为什么？为什么是我？”父母也拿孩子没办法。学生不学好，师长、父母却束手无策！强欺弱，也无力管教！结果是养出缺乏责任心的下一代，这对国家、社会将是很大的隐忧！

像我办育幼院快三十年,每次遇到机构评鉴,也是我们工作人员最苦恼的时候。原因是评鉴条文超过一百五十条,从机构的组织经营管理开始、院舍面积大小、床、桌子、健康检查……各项儿童福利,每条都在规范小孩的权利,却没有一条是关于小孩该尽的义务。

然而评鉴一个机构的好与不好,光从上百条的条文就可以评断吗?如果只是要环境漂亮整洁,花钱请清洁公司来做不就成了。事实上,还真的有育幼院这样做喔!问题是,不需要自己打扫环境的孩子,能学习到珍惜和感恩吗?我们育幼院的孩子,从小被规定要做家事,有时候也会发牢骚啊!但是长大后孩子都非常感恩,因为我们教会他们懂得打理自己的家,自己的人生。请问感恩的分数,又该怎么评分呢?

我们今天关心的是教育、是要培养孩子责任感的问题。而不是为了便于机构"评分"的考卷、纸上作业的条文!有权利,就该有义务,这是相对的。孩子确实有他该尽的义务!譬如学习做人礼貌,做事认真,读书用功,这些都是该尽的义务!我们要给孩子正确的观念,天下没有不劳而获的事情。父母供给孩子吃、住、教育,孩子在家就该配合做家事,在学校就该认真的读书,千万不要教育出茶来伸手,饭来张口的下一代。

小孩有权利、师长无权利

曾经听闻到育幼院担任义工的小学老师说:"学校今天发传单告诉学生,学校成立了一支不当管教的申诉专线。学生可以随时密告老师,这下子我们老师退居为'弱势',我已经不知道该如何管教了!"

不只学校老师,一位平常疼爱孩子有加的父亲,因为一时生气打了小孩,结果小孩立刻就"通报"。后来"家庭暴力暨性侵害防治中心"介入调查,强制将小孩隔离保护,事后家长费了很大的心力才接回自己的孩子。事后询问小孩,小孩只是傻乎乎地说:"学校教的啊!如果在家被打,就要通报呀!"

以这个案例来说,孩子完全没有受伤、也没有受虐或身心受创的迹象。

只是一般家庭的管教事件，却因为进入通报的程序，执行单位只能依法行事，家长因而被剥夺了亲权，无法跟自己的小孩在一起。听到这样的事，任谁都会心寒啊！

另一位家住中坜的义工，她家孩子遭受同学霸凌只好选择转学："女儿班上的'大姐'每天都集合'手下'，专找落单的、平常话少的同学修理。经常扔掉她的午餐，藏她的文具、书包，或是放学在校门口堵她，踢她、吐她口水。班导师多少知情，但不敢管，因为不能做任何的体罚。而且那样那位大姐在校外也有黑帮挺她，老师担心介入管教，只会自讨苦吃，弄不好还会丢掉教职！"

翻看台湾"教育有关规定"第八条："使学生不受任何体罚，造成身心之侵害。"到底该解释成只要不造成身心侵害、就可以体罚？还是无论如何都不可以体罚？类似的讨论，已经有太多的教育学者、人本关怀学者在孩子的人权上做过角力了，我大可不必在这边赘述。但现实的问题却摆在我们的面前，要叫我们的老师，该用怎样的标准来管教我们的孩子呢？

温和且合理的惩罚

事实上，有八成的家长赞成适度的体罚，但媒体只将极少数真正不正当管教的教师扩大报道。过去的"高徒"多出自"严师"，现在手中没有教鞭的老师，如何树立教者的权威？教师噤若寒蝉、人人自危，最后只得放弃他们的管教权。撤守教育防线的结果，只会助长霸凌事件，学校没办法管，于是家长只有自救转学，最后受害的还是我们的未来！

不妨看看国外是如何采取"温和且合理的惩罚或修正"，人家重视爱的教育，但不是完全禁止处罚。适当的处罚包括社区劳动服务、环境清扫、罚抄写文章、放学后留校反省，最重的还可以停学。注意喔！孩子停学并不是在家中没事，家长得请假在家中管教孩子，这段时间家长也就停薪、无法工作，这点需要企业配合。

Point

我们要给孩子正确的观念，天下没有不劳而获的事情。父母供给孩子吃、住、教育，孩子在家就该配合做家事，在学校就该认真地读书，千万不要教育出“茶来伸手，饭来张口”的下一代。

第四章：适才适性，当行出色

行行出状元，不是读热门的科系就好

老师的一句话、一个观念，常会影响学生的一生。我担任阳明山格致中学校长时，当时的总务主任王窸贤，也是我任教东吴大学中文系时的学生，有天突然问我："老师，您知道当年您讲的哪一句话，影响了我一生吗？"我记得自己是老实地回答："当老师的，对学生讲过那么多话，被你这么一问，我真的不知道呢！"结果他这样回答："当行出色！"

"当行出色"的意思就是，即便不是热门的行业，但只要在这一行里做得好，一样可以非常出色！

原来这位王窸贤同学，大学念的是冷门的中文系，也就是我任教的科系。当时系上像他一样对前途感到茫然的大一新生不少，学生心中常有的疑虑："念中文系要干嘛？"是啊！在那个科技起飞、理工挂帅的年代，念文学院的学生，尤其是中文系，好像很没有前途。因此，很多学生进了中文系的第一年，就开始准备转系或重考。

身为老师的我，当然要好好鼓励学生，所以经常在课堂上用"当行出色"期许学生能够在自己的专业上精益求精，做到顶尖。我告诉学生："中文系的学生，以后可以跟我一样当老师、教国文。""中文系毕业的国文程度好，是最好的广告企划人才。""很多出版社的编辑工作，都指定用中文系毕业的。""中文系毕业，可以当作家，或是当记者也不错呀。"

当年的王同学把我的话听进去，除了对基础科目下功夫外，还特别潜心研究作文的教学。他的作文教学法，受到很多人的肯定，发表跟作文有关的文章也广受好评，成为80年代教作文的名师。后来还被台北市立复兴高中请去任教，杂志社也请他担任编辑，更曾受聘为中学教科书编审委员。退休后，还被书商邀请去编辑教科书呢！

当行出色的教育

同样的一句话，多年后，也用在我自己的孩子身上。小儿子当年建中毕业，考上台大地理系。发榜后的几天，就收到台大地理系的通知，要家长与学生到学校听听师长介绍什么是地理系。其实是因为地理系比较冷门，担心学生将来转系或重考，学校为了提高报到率，才急着召开说明会，借此巩固学生的信心。

说明会之后，我对小儿子说："地理系能存在，必定有它存在的道理和价值，不然早就废了。所以问题不是读地理系有没有前途，而是你有没有读得比别人好！只要读的比别人出色，就不必担心毕业会失业！"在我的鼓励下，小儿子不但没有转系，还一路念了十年，最后取得博士学位。服完兵役，看到真理大学观光系在招聘教授，他将论文寄过去，很快就接到聘书，担任起这行的大学老师，在地理的领域里面做得很出色！

仔细推敲，当时台湾只有五所大学有地理系，不像电机系、资讯系、土木系等，几乎每个学校都有。算一算地理系每年毕业的学生不超过两百人，也就是说"僧少粥多"，想找地埋系相关行业的工作，竞争的胜算相对也大。更何况在大学毕业后，还继续念硕士、博士的就更少了。能够取得地理系的博士学位，几乎可算是这行业里顶尖的佼佼者，因此应征大学的教职，很快就受聘了，这就是当行出色的道理！

其实这个道理并不难懂，但要对抗主流的趋势需要远见，毕竟在八十年代初期，台湾以电子业为首的科技产业，逐渐取代传统产业，成为台湾跻身世界舞台的推手。当时大学里的第一志愿科系也由土木、建筑系转为电机、电子、资讯系。仿佛只要是念咨询相关科系毕业的学生，就代表以后的前途是一片光明，因此大家都一窝蜂地去念咨询相关科系。

只是曾几何时，兴旺的科技产业因为投入了太多的人力，导致就业人口饱和，科技新贵的光环不复见，加上这几年的金融海啸、经济衰退，让科技产业的获利大不如前。十年风水轮流转，当科技产业纷纷减薪、裁员，很多人被迫转行。反观许多过去被视为冷门的工作，学校培育出来的专业人员稀少，但业界还是有需求，所以只要稍加努力，就可以在这个行业里出类拔萃！

“三百六十行，行行出状元。”讲的就是这个精神。我常鼓励育幼院的院童，功课不好没关系，人品好、勤劳最重要！现在很多人只想坐办公室，结果反而找不到工作。但是修水电的、修车的、做黑手的工作，却没人要做。如果有这方面的一技之长反而吃香，将来不怕没工作。很多修车的黑手，后来都自己当老板开修车厂、工厂，生活过得很优渥，这不也是“当行出色”最好的例证吗？

价与量的逆向操作

话说当年，我自己考进东吴大学中文系，也曾对前途感到茫茫然，不知所措。幸好第一年，就遇到恩师——台师大国文研究所林尹教授。林老师教的文字学，非常生动，引起我对文字学的兴趣，进而对中文产生兴趣。

林尹教授，当年是台湾非常知名的国学教授，我对教授既崇拜、又敬畏。承蒙林尹教授的赏识，大一课业结束时，收我为入室弟子，自此除一般学校的课业外，每周日我还额外到教授家上课。

教授说："学会声韵学，读古文如同读白话文。"于是，我就跟着他学声韵学。不只这样，老师还教我一般国文。我心想这下可好！从初一到初三的毕业，我因为不喜欢国文，从来没有认真地读好一篇文章，只是看看注释、分段大意等，混个六十分及格就算了。不过得知国文研究所教授要私下教我国文时，还是按照他的指示，买回一部唐朝李善注解的《昭明文选》，心想老师肯定有妙招传授。

等到约定的时间，我满怀期待，开心地前往林老师家，结果老师只要求我翻开一篇文章背诵。文章不长，大约三百字，但没有标点、分段，虽有注释，却是引自经典上的原文，要比解释的文句还要艰涩难懂。我直接开口询问："老师，文章没有标点、分段，又没有解释，要怎么背呀？"但他没有多加解释，只说："回去背好，下礼拜天过来背给我听。"

国文研究所顶尖的国文大师，竟然是这样教国文！当下我真的不解，但是因为对老师又敬又畏，只好乖乖地回家背。一次、两次、三次、四次地反复读、反复背诵，慢慢地就可以断句、分段了，文意也看懂七八分。好不容易背熟，如期前往老师家，听完我的背诵，他只说："好！回去再背李康的《命运论》。”

回家一看，这篇文章竟然有两千多字！还是一样，没注释、没分段、没标点。因为有了第一篇三百多字的经验，我心想就认命地背吧！想不到一个星期的时间，真的让我背出来了！这次老师听完后，还是一句：“好，下一篇背刘孝标的《广连命论》。”四千多字的文章，我咬牙在期限内背完，就这样，老师总是在验收后，交代下篇要背什么。

连续二十个礼拜过去，我也背了二十篇文章。有天老师问：“现在你还要标点、要分段、要解释吗？”我说：“不用了。”他笑着点头说：“好，不用再背了。”真的不可思议，背完、读通这二十篇经典的好文章之后，我的国文程度也大大提升，等到1960年毕业，1961年服完兵役，我重回校园考上台师大国文研究所，1963年毕业。感谢林尹老师的推荐，我得以回母校东吴大学任教，教国文及声韵学。

中文系的领域，其实非常广，举凡文字学、声韵学、训古学、诗、辞、歌赋、中国历代哲学思想的研究，都是中文系的领域。而我在声韵学方面，专研最精，从不喜欢国文，到中文系教声韵学，只花了短短五年时间而已。很多人羡慕我，其实条件无他，我只是在这行里比别人用功出色而已。

做自己喜欢的工作，这样的人生最快乐

当行出色，泛指各行各业，不一定非要读大学，只要有本事，就不怕没饭吃。父母希望子女要读大学、拿文凭，处处要赢在起跑点，却忘了为人父母该扮演的基本角色，更忘了教育孩子做人做事的基本道理。其实待人接物的礼貌，以及做事认真负责的态度更重要。否则，就算在最好的行业，也不可能做到出色。

最后，我想讲讲目不识丁的父亲，我的老家在板桥巷仔嘴，光复桥和埔墘之间。当年的巷仔嘴多是农地，父亲也以务农为生。他虽然没读过什么书，但作为一个农夫，他却有自己独到的投资眼光。例如他总是观察当年如果高丽菜卖得最好，第二年，他绝对不种高丽菜。因为人有盲目追求的习

性，像赶流行一样。他判断第二年一定很多人种高丽菜，最后产量一定大增，供过于求的结果一定败市，菜价也会惨跌，所以，他一定不种。相反的，他会注意该年卖得最惨的菜，然后判断明年一定很少人种，产量一少，自然供不应求。根据物以稀为贵的道理，菜价一定贵。意思是说，今年高丽菜大卖大赚，白菜惨败，明年他一定种白菜，绝不种高丽菜，所以，他一生种菜，从没有贱卖过。

说起来，我们家境日臻佳境，而我能幸运地由初中、高中、大学、研究所一路顺利念毕业，全拜父亲逆向思考之赐、长大之后的我也承袭了父亲的观念，在人生选择、投资各方面，都不跟着大家一窝蜂地走。一路从大学讲师、副教授、初中校长、“国大代表”……体验到非常不同的工作，最后还做了一项更冷门的事业——开办育幼院。

感谢父亲，给我逆向思考的能力，也教我在人生选择时，勇敢做自己。一直到现在，我已经七十七岁了，还是一直在做自己喜欢的工作，这样的人生真是最快乐的！

Point

当行出色，泛指各行各业，不一定非要读大学，只要有本事，就不怕没饭吃。父母希望子女要读大学、拿文凭，处处要赢在起跑点，却忘了为人父母该扮演的基本角色，更忘了教育孩子做人做事的基本道理。其实待人接物的礼貌，以及做事认真负责的态度更重要。否则，就算在最好的行业，也不可能做到出色。

跟自己赛跑

他是一个可怜的人，他没有家，野鸽子在黄昏的时候也要傍依溪水，他却飘流在旷野里……

——摘录自《野鸽子的黄昏》

这本书，跟我同年代的朋友或许看过，作者王尚义在志趣不合的情况下，坐困台大医学系七年。他宁愿徘徊在哲学系的教室，也不愿意上医学系的解剖课，却碍于诸多现实因素的阻挠，始终无法从医学系转到哲学系，一圆自己的理想。最后他在大学毕业那年，因肝癌过世，得年二十六岁！

故事令人唏嘘，然而同样受困的年轻灵魂却不只他一个。很多家长总把小孩的成就，当成是自己的成就，也把自己的价值观，加诸小孩身上。认为当医生、律师或是学音乐高人一等，于是就要小孩去考医学院、法律系、学音乐。但是从来没有问问小孩喜不喜欢？想不想学？一窝蜂的结果是家长花了大把的金钱和精力，小孩却是累了、倦了、烦了！因为孩子的抗拒拉扯，破坏了亲子关系，严重的甚至还造成悲剧！

我把这种认知脱节的状况称为“拿香跟着人家拜”，但到底拜什么？家长却无主见！没搞清楚学习的目的是什么？只想“用钱”买到期望。在我看来，部分家长是一种弥补心态，很多要求小孩学音乐的家长，只是因为自己小时候没机会学音乐。当医生也是一样，大人认为医生有优渥收入，代表人生是成功的。可是人生并不是比赛，站在舞台上得奖，并不代表一辈子都能顺遂。人生的道路非常漫长，我们要面对的不仅是当下的功成名就，还有家庭的圆满、人际关系的圆融。以及最重要“自我理想的实现”。

兴趣找到了，生命就有目标

成绩好的学生，固然值得肯定，但成绩不好的学生吧，更该给予适度的嘉许。过去在担任台北市立格致初中校长期间，我没有让一个学生留级过。尽量看到每一个年轻生命的美、欣赏每个孩子存在的价值，然后从中引导，让他们快活地走在自己喜欢的路上，我认为这才是真正的教育！

没有人具备预知未来的能力，大人要做的不是替孩子决定未来，而是教小孩如何从身上发现自己的优点，并且接受自己的一切。没有大人适度引导迷失方向的小孩，可能会因为看不到自己的兴趣和长处，人生因而失去目标和方向。

这点，我的体会非常深刻，特别是育幼院这些一开始就输在人生起跑点的孩子。他们对未来总是感到害怕茫然：“伯伯，我初中就要毕业了，成绩这么差，怎么办？”如果提问的孩子刚好学业成绩不好，但手巧，个性勤快，我就会说：“没关系，高职冷门的汽车修理科，要进去念夜间部应该不难！你可以白天到保养厂当学徒，只要认真学，将来毕业后不怕没工作，搞不好以后还会成为汽修厂的大老板喔！”这话可不是空谈，真的有好几个孩子，接受我的建议选择就读职校，后来工作都有不错表现！

我常说，人生追求的不是短暂骄傲，而是一辈子的幸福快乐。虽说在我们身旁的朋友当中，工作结合兴趣的例子，实在是太少了，但如果能把工作和兴趣结合，绝对是幸福的事。既然如此，为什么我们不让小孩看清自己的目标，然后走在这条幸福的道路上呢？不是每件事情都要跟别人比较，跟自己赛跑，在真正想要的天地里闯出成就，才是最重要的。

将来的舞台是小孩的，本来就该让他自己做决定。而我们所要做的，只是鼓励孩子讲出内心想要的东西、帮助孩子看到自己的梦想。如果小孩不知道自己想要什么，那才真的要担心呢！

过度的期望是揠苗助长

以前我念书的时候有升学压力，后来历经无数次的教改，现在的孩子照理说应该摆脱填鸭教育，回归正常学习。但事实并不然，升学压力甚至提前到小学阶段就开始发酵，随着年级越高、竞争越加白热化。特别是上初中之后，几乎每一门科目都跟升学有关，补习班端出各式各样对应的课程内容。家长比孩子还要急，老早就忙着四处比较、打听补习班的口碑、名师，甚至还彻夜排队，只为了让小孩挤进补习班的精英班。

这种现象就像香火鼎盛的大庙，人们迷信地盲目跟拜。难怪有句现代俚语这么说："有补有包庇！"但是不是真的有补习就有用呢？相信大家心里自有论断。就算小孩真如家长所愿，每一科都考了一百分，到底家长该庆幸自己生了一个天才神童呢？还是该怀疑是不是训练了一个完美的考试机器？父母过度的期望，就像揠苗助长的农夫，结果适得其反。

好不容易熬到周末放假，这下总算可以休息了吧？同学或邻居孩子相约打球、出游，家长一口回绝，理由是"上次段考平均才九十二分，还要再加强，今天不能跟你们出去玩！"不要怀疑，这是我亲身听闻的例子，小孩完全在家长的监控下成长，没有自己的思考空间，只是像个傀儡般，每天固定地、机械式地在做父母安排的事。

让孩子拥有胡思乱想，做白日梦的自由

爸爸妈妈是否愿意逆向思考一下？偶尔放手让孩子做白日梦也不错啊！想象一下，每天给孩子一点时间抬头看看天上的白云、做做白日梦，什么都不想、什么都不做，会发生什么事？大人自己也可以试试看，简单地将你的心放下，保证大脑一定会非常开心地举双手赞成，终于有时间让它休息了。相信休息之后，不管工作还是读书、学习，效果都会更好！

就像弘化的孩子，平常在广大的院区尽情地奔跑，累了就坐在树下休息，凝视一望无际的地平线。放假时登三千公尺以上的百岳高山，在距离白

云最近的高山上做白日梦！

我允许孩子胡思乱想一些

奇奇怪怪的问题，做一些怪异的事，因为这些都是创造力的根源，大人不要急着否定他、更不该打压他。像我们的小孩喜欢爬到隐秘的树上，建立他们自己的秘密基地，我都随他们去，爱怎样玩，我都没有意见。但是如果小孩拿零食到树上囤积，这样做是违反规定的，我就会讲话了！

让孩子尽情地去思考创造，大人只需要给他们适度地修正和建议，小孩自然会快乐地活在他自己的道路上。不要安排过多的功课，这样只会浇熄心中学习的热情，我们要的是能举一反三的小孩，而不是只会照着书本填鸭的考试机器！

豆荚弯曲才能破壳

在弘化所有固定的支出当中，花费最多的是学费，最少的应该是食物。因为我们位处桃源乡下的海边，周边到处是田地，常会收到务农邻居的爱心，三天两头送地瓜叶、丝瓜、西瓜等作物给我们。就连临近的大园果菜市场，如果有卖不完的新鲜蔬菜，为了避免浪费，也会送到我们这边来。甚至台北滨江果菜市场、三重力行市场，也都是我们长期固定的捐赠者。

弯曲的姿势，是成长的开始

其中豆芽菜是我们常收到的作物，当然也成为餐桌上的熟面孔。小朋友对它的样子非常熟悉，我也就常拿它当成主角，说故事给孩子们听。拿起带壳的豆芽菜，观察它的豆荚一定是弯曲的，因为只有以这样弯曲的姿势，才能突破坚硬的外壳长出豆苗。其实，不只是豆芽如此，很多作物都是如此。弯曲的姿势，原来是在储备能量，开始成长。

别小看这些动作，只要深究其中，它们的成长过程都大有文章，甚至可以当我们的人生导师呢！

植物是如此，动物呢？我们在《探索频道》里，经常可以看到非洲草原上的景象。大自然里的野生动物，每一种都有其生存的法则：每一种生物，也都有其天敌来相克。仔细观察动物追逐的动作，我们会发现老虎、狮子在猎物时，一定先蹲低姿势，除了是要避免被目标发现之外，蹲低的姿势，也是蓄意待发的准备动作。就连羚羊在起跑时的动作，也是典型的先蹲后跳，先将身子蹲低，再爆发出力量逃命。我们人类也是一样，看看田径场上是百米竞赛，每一位选手在起跑时，一定是尽量将身子蹲低。

处于低处、弯曲身体，就是在累积“位能”，当累积够了，就可以转换成为“动能”，这样就是万物的通则！包括我们学过的物理现象也是，例如牛顿第三定律：“作用力等于反作用力。”意思是说，想要让球弹得越高，越要使劲将球压下去，压得越低，反弹就越高。所谓“物极必反”的道理，老子早在两千年前就阐述过了。

所以我常告诉孩子们要有接受挫折的勇气，就算跌倒了，也要学着自己爬起来，用于面对失败的事实。就像跑步、跳高时，要先弯曲身体才有动力，遭受挫折的当下就是弯曲，唯有不放弃，持续下去才能得到动力！把挫折当成中继站，后面的路还很远，只要这样想，就会有信心再走下去！

别怕孩子受委屈，跌倒是储备能量

熟识我的朋友，都知道我向来不大管自己的孩子。美其名是“不言而教”，其实更贴切地讲，根本是“放牛吃草”。

不过“放牛吃草”的过程，自然也要承担牛儿乱跑的结果。像我家的老三，目前是一位建筑师。但初中毕业时的他，虽然考上台北市立建初中学，但是年少轻狂，上了高中后就到处参加社团、弹吉他，当然跟女同学联谊、办活动的经验也不少，日子过得意气风发。但我从来不干涉，随他去疯社团、玩乐器、三天两头跑活动。

时间过得非常快，一晃眼他就高中毕业了。那年大学联考放榜后，我的孩子重重地摔了一跤，眼看同班同学都考上国立大学，他只勉强考上私立大学的建筑系。当下的我，还是那句话：“当行出色、随遇而安。不需要重考，就去私校报到，好好念，磨出本事吧！”四年后的他，考上了台湾建筑系龙头地位的东海大学建筑研究所。毕业、当兵后，不久就考上建筑师执照。

回头看儿子当年跌的这一跤，未尝不是好事。至少让他深刻体悟到，并不是考上第一志愿建中，国立大学就一定在前面等着他。无论站在哪一个位置，天上都不会掉下来免费的午餐。只有努力过，成果才会一点一滴地累积。凡事都有它正面的意义，有了联考的挫折，大学四年才能为儿子储备能量，等待人生下次的跳跃。

父母千万不要舍不得孩子跌倒、受挫，我们只要扮演支持的角色就行。就像学骑脚踏车的过程一样，刚开始一定是跌跌撞撞，这时候旁人决不能因为小孩跌倒，就心生不忍地向前扶一把。你越帮他，他越学不会！跌倒是经验的累积，所有的学习，都是不断地在尝试错误中，吸取成功的经验。

别忘了！处于低处，是蓄意待发的起手式；累积足够的能量后，才能等待下一次的跳跃。

孩子才是真正的球员

有位父亲看了网络上关于弘化“生活体验”的报导，主动打电话给我，希望能带着就读初二的儿子来见见我。他说小孩的功课不好，又交了坏朋友，常翘课、翘家，老师、家长讲的话都不听，拜托我帮忙跟孩子聊聊。

我听了家长的话后，笑说：“可是我们的生活体验是没有课程的，不知道能带给你们什么。”但家长还是不断地拜托，我只好说：“好吧！你把小孩带过来！我也不确定能不能帮上忙，就先聊聊吧！”见面的当下，感觉这小孩一表人才，实在无法跟家长电话中描述联想在一起，顶多有点吊儿郎当的，身上的衣服也不好好穿。我开口先问他：

“你现在几年级呀？”

“初二。”

“听你爸爸说，你常翘课、翘家啊？”

“没有啦！我去我朋友那边学修车，我喜欢修车那方面的。”

“那有没有学得很认真啊？”

“还好！可以学就学，学不来就算了！”

“那怎么可以啊？你长得那么帅，你有没有照照镜子，你长得很帅耶！”

“没有啦！”

“没有照镜子！长那么帅自己还不知道！听说你常去撞球场，怎么会有钱呢？”

“朋友请的。”

“你常常让人家请客喔？”

“我过去撞球场，人家早就在那边打球了，我只是去参加而已！”

“所以你都不用付钱？打秋风？请客是互相的嘛！这样多不好意思呀？”

“不会啊！”

“长那么帅，结果脸皮那么厚。”

面对这种要酷、吊儿郎当的小孩，真的让我有种想一探究竟的好奇。总觉得在这小孩的身上，看到我自己年少的影子，无形中多了一份亲切感。聊天的过程中，看似我一直在挖苦他，其实是略带嬉笑、轻松的。至少小孩长得帅，也该赞美一下嘛！如果我不用这样轻松的方式拉近彼此的距离，小孩就不会卸下心防，后面当然也就谈不出东西来了。

“那你哪一科比较好？”

“都很烂！”

“啊？都很烂？我看你聪明耶！怎么会每一科都很烂？”

“我自己觉得读不起来啊！我也不知道为什么，看到书就不想看呀！”

“呵呵！结果就翘课？”

“对呀！”

其实，经过简单几句的闲聊后，我已经大概知道问题应该不在小孩身上。因为在我们的对谈中，我问得多，小孩却回答的很少，而且表现得满不在乎，好像就算天塌下来，也不可能砸到他的样子。讲起未来总是一派轻松，似乎认定不管如何，道路永远都会开在他的眼前，不用担心没路走，这当然是家长过度保护的结果！

另类沟通，我来教你“混”！

我常劝为人父母的朋友：“今天你替孩子做一次，小孩就少了一次学习的机会，如果一切都为他准备好了，也就等于埋没了他的潜能！久而久之，小孩就会变得漫不经心，而对事情只会抱持应付的态度，什么事情都不在乎。等到这个时候，想要再唤醒小孩的斗志，那就很难了！”

面对这位显然对人生已经失去动力的孩子，我决定用另类的方式激励

他。于是我接着说:

“你刚说修汽车,那也要考证照耶!至少要高职毕业才能考到证照去修车吧!”

“对呀!”

“那你现在要怎么办呢?高中、高职都混不进去了,能做什么呢?”

“可以呀!哪里可以读,就混到哪里去呀!随便混到高中毕业就好。”

“你有把握混进去喔?可是你说看到书就讨厌,每一科都很烂,这样不会混的人,那不是完了吗?”

听我这么一说,眼前的小孩开始沉默、傻笑,不再接话,也不再说:“对呀!可以呀!都好呀!”

逮到机会,我开始用自己的成长故事吸引他的注意:“我常说,读书不用太用功,能混到毕业就好!今天从你的嘴巴说出:混到高中毕业就好。觉得我们志同道合、看法相同喔!我很赞成读书用混的,但是不要混得太烂。要像我!从初中、高中,一路混到大学、研究所毕业,最后还当到大学教授。怎么样?你要不要来学学我混的方法?”

“不要。”他直接摇头否定我的提议。

“不要这样嘛!你既然喜欢用混的,想要混到毕业,那我来教你高招,让你也混到研究所毕业,这样不是很好?”我也学着用赖皮的口气跟他说话。

“不要!你太厉害了,我学不来。”

注意听他的回答,他拒绝的原因是认为自己做不到!并不是他真的不想要。于是我娓娓道出我们院内孩子的真实例子,让他知道自己也有机会。

“我跟你讲喔!我们这边以前有个院童,他很不爱读书。但他跟你一样长得很帅、脑筋也很好,也对修车子很有兴趣,可是他讨厌看书,书也讨厌他,都跟你很像,所以我就教他用混的呀!结果初中真的混毕业了。而且他运气很好,虽然初中毕业的成绩很烂,可是刚好那一年,报考桃园农工汽修科的人数不够,结果他就以很烂的成绩,混进夜间部。白天呢?就到我们义工开的汽车保养场工作、实习,晚上读书。一边学修车、一边读书,三年后,他高工混毕业了。毕业之后，还顺利地考到证照，找了很好的工作。”

讲到这一段时，我发现原本一脸酷酷的孩子，眼神有了变化！最后我说：“其实这样也不错呀！如果你也喜欢修理汽车，这是条很好的路，将来说不定可以开修车厂，自己当老板呀！现在的年轻人都不喜欢做黑手，以后会技术的人反而吃香，完全不用怕找不到工作。”

社会本来就是这样，需要不同分工的专业。以修理汽车来说，现在每个家庭都有汽车，车子总会有坏掉的时候，修车的人才一直都有需求。说不定高科技产业的员工，收入还比不上修车的黑手呢！维持一个社会的平衡，需要每个阶层的人都坚守岗位，这样社会才能在平衡中运作。

始终在一旁听着我们对话的父亲，这时也猛点头表示认同。于是我转身对他说：“我教孩子混毕业，你也要配合喔！不要给他太大的压力，考六十分及格就好。就可以毕业了。我不赞成每个小孩都要勉强自己考一百分，六十分可以高中毕业，一百分也一样是高中毕业。反正毕业证书上面，也不会写几分、第几名毕业的。你何必为难孩子，念书考试六十分也很好嘛！他将来说不定在修车的工夫上面可以拿一百分呢！”

因为父母过度的期望，只会给孩子无形的压力，特别是父母和孩子朝夕相处，小孩只会接收到压力的“感觉”，完全收不到压力背后所期望的“效果”，甚至会因为习惯产生疲乏或反弹。所以我才会建议家长目标不要订得太高，如果要求一百分，成绩往往不尽理想，但若目标只定在六十分，孩子的压力变小，在轻松的气氛下，说不定还有得到高分的惊喜呢！

让孩子自己决定自己的未来

我们教育孩子，并不需要为他们设定路线，就让孩子自己决定自己的未来。孟子说：“人之患，在好为人师。”意思是说，人们最常犯的毛病，就是喜欢当别人的老师。家长也是如此，总认为自己走过的路、拥有的经验，绝对可以当孩子的导师，帮他们指引人生的方向；认为自己虚长孩子几岁，想法就一定比小孩强。

其实家长如果能够先将自己拉回小孩的状态，想想当年的自己有没有比你的小孩强，如果没有，那就随他去吧！不要磨灭小孩的本能。别忘了！父母只是扮演从旁鼓励的教练，只需在必要时，做适度的提醒与修正就够了。孩子才是真正的球员！

Point

奉劝为人父母的朋友：今天你替孩子做一次，小孩就少了一次学习的机会，如果一切都为他准备好了，也就等于埋没了他的潜能！久而久之，小孩就会变得失去斗志，对什么事情都不在乎。而且父母过度的期望，只会给孩子无形的压力，特别是父母和孩子朝夕相处，小孩只会接收到压力的“感觉”，完全收不到压力背后所期望的“效果”，甚至会因为习惯产生疲乏或反弹。

学习方向的引导

引导小孩的过程中，最能贴近小孩的方式，就是“寻找彼此的相同点”，这是卸下心防的好方法，也是沟通的开始。

就像前篇提到的那位国二孩子，只要以不同的角度看待，就有不同的价值，用混的方式过日子也没有什么不好呀！所以我用自己的经验，先取得他的认同，进而使孩子模仿、学习。俗话说“解铃还须系铃人”，循着小孩的思维出发，才能贴近小孩真正的想法，并给予真正的引导。

但是“寻找共通点”这一招不是适用于所有的孩子，碰到极度抗拒，极度反感的小孩，反而要故意制造不同点，才能激发小孩的潜能！

几年前，有位桃园少年队的队员带着他念初中的儿子来找我。老实说，我有点意外，想不到平时专门处理极端问题少年的人，也有管教自家小孩的困扰，这样的窘境也说明了古人“易子而教”，确实有其作用和道理。

刚见面的当下，父母跟我面对而坐，小孩则是刻意完全背对着我们。家长跟我诉说小孩的问题，一旁的小孩听着不合意，竟然当面反驳，丝毫不留颜面。撇开大人说话，小孩插嘴是失礼的行为，我倒看出这小孩反应非常快，并且非常的聪明。

亲子之间冲突不和的答案也呼之欲出，主要是家长管教太严，造成小孩的反弹。因为那位父亲在年少队的工作背景，不知不觉就把严厉的管教方式用在自家孩子身上，没想到激起小孩的反抗心。除此之外，母亲希望小孩学才艺、专心把功课念好的美意，也被小孩当成逼迫他的坏意。甚至还将反抗的情绪带到学校，一天到晚跟老师对立，最后被学校逼着家长让小孩转学。情况发展到这样，小孩也不想待在家里了，让父母非常头疼。

碰到聪明儿，故意制造不同点

谈到最后，我直接开口问他："你想不想来弘化？住在这里？"一心只想离开父母管控的他，想都不想就立刻答应住下来。我回头交待家里办理转学手续、寄宿规定等。等家长离开之后，我开始跟小孩展开对话：

"喂！转过来嘛！你爸妈都离开了，就转过来看我嘛！"小孩终于转过身来跟我对话。

"我跟你说喔！这边没有大鱼大肉，只吃素。而且每天清晨五点就要起床打扫、背经。你如果接受的话，我才让你住下来。"

"没问题！我可以。"看来这小孩真的根本不想待在家里，所以我提出的任何的要求他都答应。

"在我们这边，除了要求生活规律，其他的完全不会逼你，当然也不会逼你念书、学才艺。考试只要六十分就好！不用太用功。你现在初三了，只要能混进国立的高中就好。哪一所高中都没关系，只要是国立的就好。这样有没有问题？"

"好呀！这样应该没问题。"小孩很快地就答应了。

后来这位小孩在我们这边，跟着大家一起作息，也非常守规矩。没有父母在身边的生活，一切都自己来，反而变得自动自发。等到学校第一次段考的成绩出来，最低的是公民与道德九十分、数学一百分，其他科都九十几分，拿到全班的前三名！后来两次全校国三的模拟考，分别是第七名、第四名。果然我没有看错，他是一位很聪明的小孩。

有天放学后，他跑来找我说："伯伯，学校的老师要我去念'资优班'，每天晚上要上课到八点半，星期六还要到学校上课。"当下我觉得机会来了，打定注意要逆向操作，制造一些不同点，刺激这小孩一下。于是我淡淡地回答："最好不要念资优班！还是按照之前讲好的，混到国立的高中就好！读书何必念得那么辛苦，用混的就好了嘛！不过念不念资优班，你自己决定。如果你要念，一切费用我会照付。"

听我这样一说，小孩也无言了。过了几天，学校的老师来找我，说这个小孩是可造之才，老师们很想好好地教他，而且小孩本身也非常想进资优班。当下我把小孩找过来问话："资优班真的是你自己想念的吗？我不赞成你去念，但我让你自己决定。"只见他斩钉截铁地回答："伯伯，是的！是我自己决定的。"

之后的日子，他每天留校念到晚上八点半下课，每个星期六，其他的小孩都不用上学，但他却乖乖地到学校念资优班，毫无怨言。付出的努力没有白费，他后来也考上了很好的高中。

我相信他的未来，肯定是一片光明，不是因为他念资优班、考上好学校，而是他知道未来掌握在自己手中，他可以选择要过怎么样的人生。

这就是我说的，面对被过度期许的小孩时，大人反而要故意制造不同点，来唤醒小孩的注意力，尤其是已经有反抗心的，更该如此。家长若执意要小孩依照自己的意思成长，只会造成小孩的叛逆，因为在他们的心中，早就筑起了一道拒绝沟通的墙。相反地，我故意制造不一样的生活目标，让小孩子觉得自己从压力中被释放，对于聪明的孩子、有自己想法的孩子，这样做反而给他们机会，重新衡量自己的目标，走出自己的道路。

Point

面对被过度期许的小孩时，大人反而要故意制造不同点，来唤醒小孩的注意力，尤其是已经有反抗心的，更该如此。故意制造不一样的生活目标，让小孩子觉得自己从压力中被释放，对于聪明的孩子、有自己想法的孩子，这样做反而给他们机会，重新衡量自己的目标，走出自己的道路。

如实的赞美

一般人常讲“赞美的话永远不嫌多！”指的是客套话、是商场上的短期交易。如果想让对手松懈，当然就是奉上满满的赞美！但是谈到教育，现在的家长过度曲解“爱的教育”，不分青红皂白的只有赞美，完全没有责罚。这样教养出来的小孩，只会过于自大、自满，而且缺乏抗压性。

引导孩子的过程中需要“适度”的赞美和鼓励。很多事情都是这样的，过多会嫌太腻，过少又嫌不足，适度才是刚刚好。中庸之道，讲的就是这个道理。如果责罚太多，赞美太少，就成了纪律严酷的军事教育。古代希腊的斯巴达城邦，就是以这样的军事训练文明。严酷手段可能造就强大的军事力、可以在短时间内建立强大的国家。但从另一个角度看，也可能是完全没有美学、文化的，也是斯巴达影响后代的思想家甚微的主因之一。

善用赞美拉近彼此关系

如何拿捏其中？要视孩子的个性和实际状况的不同，采取不同的方式。比方说，碰到前面那位翘家、成天打撞球的孩子时，感觉他对生活完全没有目标，对未来也没有太多的期望与兴趣。在我问话的当下，他只会漫不经心地回答：“都好呀！都可以呀！”

刚开始聊天的时候，简直找不到施力点，可以当成谈话的主题。我灵机一动，想到赞美应该可以引起小孩的注意吧！于是开始用“帅哥”称呼他，问他班上同学是不是也有人这么称赞过他？原本冷漠的脸庞瞬间出现一丝笑意，谈话的态度也开始软化。对这样没有自信、又不在乎一切的小孩，赞美果然是拉近彼此关系的妙方。

每一个人都是独特的，再怎样不足的人，也有他的优点，这点老天爷对每一个人都是公平的！只要我们善于观察孩子，一定可以找到值得赞美的地方。如果小孩只有帅可以形容，就赞美他长得帅，有何不可？根据很多学者的说法，“越是功课不好的学生，越需要赞美。”通常没有自信的小孩，多半是因为自己没有出色的成绩或才艺可以向别人展示，于是讲话会表现的畏缩，也可能刚好相反，因为自卑而产生自大的口气。

善用赞美拉近沟通的距离之后，我跟这个孩子就有谈下去的空间，随着谈话的不同阶段，赞美的运用也有不同。接下来，我试着聊到课业，并且把目标稍微提高一下：“其实六十分及格就好了嘛！考试只要六十分就好！不用太用功。”

听到我这么说，孩子的眼睛闪了闪，大概是从来没有师长对他的要求竟然这么简单吧！及格的门槛，是比较容易达到的目标，孩子才可能有前进的动力。

一旦孩子尝到成功果实，自信也会逐渐累积。所以家长不妨耐心一点，等到孩子达成目标，学习稳定后，再把标准的界碑偷偷搬移一下。毕竟六十分只是基本，稍不注意就会不及格。果然，没隔多久，孩子的父母专程打电话来，表示孩子成绩比以前进步了！虽然只是及格边缘。我马上请家长让小孩接电话，笑着跟他说：“你很厉害嘛！考试还考得刚刚好及格，低空掠过。但这样太危险了，稍微一不小心很可能就会‘迫降’喔！”

逆向的赞美

至于另一个孩子，前文所述的那位少年队队员的孩子则是恰好相反！小时候课业表现很优秀，但是越大反而对学习越缺乏动机。这类的小孩，聪明绝顶，很多状况他想的甚至比大人还多，脑筋里面想的都是“如何应付或对付大人”。从我跟他父母谈话时，小孩一直在旁边唱反调！具备这样的反应和辩论能力，我相信应付功课对他来说，也是轻而易举的事情。

果然他来这里之后考试成绩拔尖，还被学校选入资优班。对于这样的结果，我认为不需要锦上添花的赞美鼓励反而是告诉他："读书何必念得那么辛苦，混上国立的就好了嘛！不过念不念资优班，还是自己决定。"

这里我采取逆向操作的赞美，是想让孩子感觉自己的优越，打从心里赞美自己，因为现在的竞争对手，是他自己。后来他真的选择进资优班，去追求自己想要的东西，甘愿每天留校上课到晚上，就连星期六都不能放假玩耍。这就是我强调的，一旦小孩自己能够达成目标后，他自己就会推动自己努力前进了！

适度的赞美和鼓励

赞美就像糖果一样的甜！入口感觉美妙，但小心吃多了会伤身。面对赞美，我们除了需要学习接受，也要学习分辨，如同菩萨六度的忍辱修行，其实不只是忍别人的污辱，还要能忍别人的赞美。人跟人之间的相处，如果你只会赞美别人，人家反而会怀疑你话中的真实。同样的，如果你从来都不赞美别人，也可能因为太严谨，给人刻薄的印象。所以说，赞美的"质"要实在，而且"次数"也要适中。

很多长辈一看到小孩有小小的表现，就立刻说："你好棒喔！你好厉害喔！"

这就是不实在的赞美。很多事情是适度就好，过多反而是有害的。就像牵小孩、抱小孩，只要象征性就好，目的是让孩子知道，有人在关心他。但没有必要整天都牵着、抱着，反而容易养成小孩严重的依赖性！赞美也是一样，如果大人，一天到晚都赞美孩子，容易造成小孩的自满自大。万一以后出社会，身边没有人可以这样不断地赞美他，岂不是更容易感到挫折吗？

所以说，赞美太多或太少都不好，如实的赞美才是最重要的！

叛逆是生命蓬勃的展现

我们院区内种了很多苦楝树，让来到弘化的朋友印象非常深刻，而我也喜欢向到访的客人介绍它们。因为从育幼院创办开始种植，算算苦楝树已经跟着弘化度过超过三十个寒暑，至今依然屹立不摇。其中应该以餐厅前面的那棵树最具代表性，又大又茂盛，呈现强大的生命力。

我觉得，它就像我们小孩蓬勃的生命，永远充满朝气；也像弘化的发展，在政府依法不能补助的情况下，完全免费地收养那些家长无力照顾或被迫无人教养的孩子，多年来也从不主动对外募款，却仍展现出坚韧的生命力。

这些年来，一路观看苦楝树的成长，真的带给我很多与众大不同的人生启示。

青春期是生命蓬勃成长期

话说苦楝树种下去的前三年，大概只长高 100 厘米左右，成长过程非常缓慢，但是等到第四年到第九年的六年间，呈现快速的成长，平均一年长高约九十几厘米，期间总共长了将近 6 米。有意思的是，过了第九年之后，几乎就不再长高，只是随着四季的变化，落叶后再长出新叶、开花而已！

这个让我联想到，人的成长跟苦楝树一样，在十二岁以前成长缓慢，但是到了十二岁至十八岁的六年间，长得非常快。等到过了青少年期之后，身高就不再长。所以我常说，青少年期的孩子就跟苦楝树在第四至九年的六年间一样，是生命蓬勃成长期，不是叛逆期。在这段时间，孩子的心理和生理，都会不断地快速变化，蓬勃成长，形成他们各自的性向、各自的思想和志趣，这都是正常的生命现象。

就像苦楝树，每棵树其实各有不同的树性，有往上长的，往东斜出去的、往西横向发展的，还有往下长的。如果我这个“树爸爸”坚持要它们统统往上长，而且长得又高又大，而偏偏我这个“树儿子”依着它的性向要往东西南北四方成长，这样到底是我这个“树爸爸”叛逆，还是“树儿子”叛逆呢？

当然是我这个“树爸爸”叛逆，我的“树儿子”一定会按照自己的性向成长。我唯一要做的，只是把向下长的树枝减掉而已！结果就是现在大家看到的，枝叶茂盛、姿态美丽的景象，像是一把超大型的绿伞，见到的人都称赞不已！平常我们喜欢在它的树荫下用餐，很多来访的客人也很享受在树下用餐的体验，因为这是全台湾唯一的苦楝树餐厅。

叛逆期是大人创造的名词

回到前面所讲的，人的成长跟苦楝树一样，青少年期的孩子正处于生命蓬勃成长期。自弘化的生活体验开始后，常有学生家长带着孩子来求助，理由是青春期的孩子太叛逆，家长教不听、管不动！其实在我看来，很多时候有问题的不是小孩，反而是家长本身，是父母叛逆，不是孩子叛逆。

我认为孩子没有叛逆期，只有生命蓬勃成长期。叛逆期是大人创造的名词，不合大人的意思，就叫叛逆？难道爸爸妈妈都忘记自己也是经过那段生命蓬勃成长期才成为今天的自己，不是吗？

父母和师长总以为自己吃过的盐比孩子吃过的米还多，走过的桥比孩子走过的路还长。仗着经验丰富，处处要子女、学生，照着大人的意思做。如果小孩不听话，父母师长就认定他们叛逆。这到底是父母、师长叛逆？还是子女、学生叛逆？各位有没有想过一个问题，“叛逆”和“叛逆期”是大人创造的，评判孩子叛逆与否的也是大人。大人包揽一切，自创名词、自审、自判，这样对孩子公平吗？

苦楝树的成长过程刚好给了我们启示，树有树性，就让它自行成长，只要把往下长的树枝剪掉，他就可以长得非常好！同样的，人也是各有性向、特色，为人父母师长的，只要把恶劣、偏差的行为，像是打人、骂人、欺骗、偷窃、偷懒等去掉就行了、其他的部分就随他们自由发展，不要指指点点太多，管太多只会磨灭孩子的潜能，伤害他们的大好前程！

第五章：

行善的教育和实践

收容一个孩子，帮助的不只一个人

为什么我创办的育幼院收养对象跟别人不一样？为什么专收政府依法不能补助照顾，但实际上却无人照顾或家长无力教养的孩子呢？这绝不是沽名钓誉，而是对于生命有了深刻体验后，打从内心喜欢这样做。

父母要死自己去死，把孩子留给我！

大概从七八年前开始，大环境的经济压力，加上社会普遍弥漫着郁滞不前氛围，很多人对未来失去信心，看不见明天。反应在新闻报道方面，是经常看见父母带着儿女一起寻死的悲剧，几乎三天两头就有一件，真的令人于心不忍。适巧2007年，有媒体记者来育幼院访问，我就拜访记者帮忙报道呼吁，请那些要带儿女去死的父母，如果真的想不开，请把孩子送过来，我愿意照顾！

后来电视节目果真播出了这段访问，我也把报道制成DVD转送各界，让更多人民众知道，若儿女真的养不下去时，千万不要一起带着寻死，请把孩子送到弘化来！或许是巧合，从那次报道之后，似乎父母带着儿女一起自杀的案件就少了。

不过也有人看了报道批评我狠心，竟然叫人去死！其实，人没有不贪生怕死的！自杀，尤其是带着妻儿一起去死的人，绝对是生活太苦，一时冲动！如果这时候，有人跳出来说要帮他养孩子，可能一时的冲动就会过去。不但孩子的命能保住，就连大人的命也一定保住的。语不惊人效果差，批评的人不懂这个道理，也因为如此，这段话才引起广大的回响，达到劝阻效果，不是吗？

给予受苦者继续前进的勇气

我相信很多受苦的人，他们要的帮助，不一定是金钱，也不一定是希望别人收容他们的小孩。而是旁人的一句话、一个可以稍微依靠的肩膀、一个可以暂时休息的空间。让他们感受到，有人站在旁边给予支持，受苦的人也就有了勇气可以走下去了！

脑中有段往事，让我始终忘不了，那是在2008年，我收到一则致谢的网络留言。大概的内容是关于十几年前，有对母子来到弘化，相谈之后，得知是一对单亲母子，母亲为了养育孩子，工作得非常辛苦，最后似乎也谈到让小孩接受弘化收养的事情。然而近三十年来，我收容过那么多的孩子，老实说刚接到信，还真记不得有这件事。倒是看完这位妈妈的留言后，我才知道当时我根本没有帮上忙，但是她却非常感谢我们。以下就是这位单亲妈妈的网络留言：

林老院长您好！

十几年来一直想向您说声谢谢！一个偶然的相遇，一席话让我有今天的快乐与幸福。今天是个特别的日子（儿子满二十岁的生日），在今天跟您说谢谢对我更具意义。虽然慢了点，应该说慢了很久，还是要衷心地说声：“谢谢您！”

我是个单亲妈妈，当年因为生活必须做两份工作，常常没时间照顾七岁大的儿子。有天因迷路而到了弘化巧遇老院长。谈话间提及我的困难处，您说我可以把孩子送去院里安心工作，待一切稳定再接回孩子。我的确曾要把儿子送过去，只是与儿子商量后他说宁可跟我作伴，好好照顾自己不学坏，不让我操心等约法三章后而作罢。

虽然我没有得到实质的帮助，但是因为您的善心，我感同身受。十几年来我铭记在心，也心疼院内的每个孩子。我的能力有限，只能送些旧衣服，买点文具日用品等小东西过去。虽然不多，却是我仅能表达谢意的方式。我会持续地尽一份心力，最后还是再说声：“谢谢您！老院长！祝您健康、快乐。”

后来我请工作人员通过网络留言版回复，希望能再见到这对母子。果然几天后，这位妈妈带着儿子，再次回到弘化一聚。初见面时，这位妈妈就哭了。诉说着这些年来，艰辛抚养儿子的过程，以及当年我的一席话，一直支撑着她将儿子抚养长大成人。懂事的儿子为了减轻妈妈的负担，也半工半读地赚钱补贴家用。看着这对母子相依为命的情感，真是让人动容。

究竟要怎样才算帮助一个人呢？我认为与其给予物资的援助，倒不如给予精神的支持，让受苦者有再往下走的信心与勇气！所以我常说，给孩子最好的教育就是教孩子学会吃苦，这样万一家庭生变，当大人有苦难时，孩子也能跟着一起吃苦。而不是大人自己受苦，甚至为了不让小孩也跟着受苦，最后干脆大家一起去死！

前面提到的这对母子就是最好的例子。很多时候，再怎么艰难的状况，其实咬牙忍一下，说不定也就过去了。一百元可以吃一个不错的便当，但十元吃一个馒头也可以过一餐。遇到困难的状况，即使日子过得清苦一点，也不要轻易放弃，让孩子跟着你一起吃苦，彼此感情会更好，而且这样长大的孩子，以后一定懂得感恩、惜福！

Point

很多受苦的人，他们要的帮助，不一定是金钱，也不一定是希望别人收容他们的小孩。而是旁人的一句话、一个可以稍微依靠的肩膀、一个可以暂时休息的空间。让他们感受到，有人站在旁边给予支持，受苦的人也就有了勇气可以走下去了！

有了福田，才能种福

放假时，常有很多团体到弘化这边服务，对于义工朋友的付出和热情，愿意在自己工作、休息时间之外，抽空做公益，当然我是非常肯定的。但我从旁观察这么多年，内心也不时思考着一件事，那就是做公益、当义工，除了热情，也是需要学习的。

我相信很多跟着团队一起来的朋友，都是第一次到育幼院。对于所谓的“孤儿”，失去所依的孩子们想些什么、需要什么。可能都不是很了解，所以只能简单地跟小孩玩游戏，照几张照片。但这样算是关怀弱势了吗？还是只满足了做善事的成就感呢？

其实不只是到育幼院服务的义工应该学着如何亲近孩子、如何真切地表达关怀。其他类型的义工也要学习，例如到养老院的义工，在服务前就要先建立基本认知，不然遇到失忆症的老人聊天时，一句话重复三四次，会不会感到厌烦而表现出不耐烦呢？至于在医院当义工的人，更需要学习，虽然不用像医护人员般在第一线救人，但义工的基本训练还是必要的，碰到特殊状况时，才不会帮倒忙。

我们不是弱势，服务是一种互相学习

过去，我对于“施比受有福”这句话的理解是，我有钱，我能帮你、助你，所以我比较有福。直到自己从事社会服务工作近四十年，我这才深深觉得如此的解释，其实并不正确。

就用种稻谷来做比喻吧！施是种，是佃农；受是被种，是地主。如果说佃农要中稻，没有地主提供田地的话，那么佃农稻谷要种在哪里？于是地主提供田让佃农种稻，等到收成时，稻谷若有一千斤，则地主分得三七五斤，佃农分得六二五斤。从数字来看，显然佃农分得多，所以施（佃农）比受（地主）更有福。

其实无形的善行也是一样，施是行善是种福，如果没有“受”的人，那么你如何行善，如何种福？所以，能让你行善、种福的人很重要。因为他让你种福、享福报！这么讲起来，行善种福的人还得要尊敬他们才对。

所以，前来弘化关怀院童或捐助金钱、物资的善心大德，只要遇到吃饭时间，我都会请他们留下来一起用餐。很多人会觉得不好意思，认为那些食物是善心人士捐来给孩子们吃的，外人怎么好意思吃呢！这时候，我先总会把前面体会到“施与受”的道理讲给客人听：“你们来捐款、捐物，你们是施着、是佃农，孩子则是受着、是地主。总有一天，你们的善心善款会开花结果，你们是佃农分享六二五，院童是地主得到三七五。今天各位善心大德愿意一起用餐，换成你们是受者，是地主，孩子是施者、是佃农。偶尔也让孩子当佃农，开花结果时，你们分三七五，然孩子分六二五吧！”结果，经我这么一说，大家都欣然接受建议，留下来跟我们一起用餐，让孩子种种福。甚至有一次，从高雄来了五百多位客人一起用餐，现场旺盛的人气，真的很感人。

我想每一位朋友在人生当中都应该扮演两种角色：施者与受者。透过不断地施、不断地受，一下子分享六二五、一下子分享三七五，合起来不正是一千吗？别拒绝成为施或受的任何一方，即使你已经很富有，当有人要送你善意时，不管是有形还是无形的，请不要拒绝，你可以收下再把它转送、转种呀！那不是最好的吗？

给孩子种福的机会

有一年的过年期间，我看到两个不是育幼院的小孩，在我们的办公室内数硬币。差不多是小学二、三年级的两个小朋友，非常认真地把硬币堆成十个一叠，然后再一排十叠地排列。好奇的我打量了这两位不认识的小孩后，看到桌子旁边有一个被剖开的猪公扑满，又瞧见小孩的身后站着一对父母，当下我明白了，这又是一份感人的爱心捐款。

我随即迎上前，跟家长寒暄、感谢。这对夫妻却谦逊地握着我的手，频频点头说："这没什么啦！小孩扑满里的钱也不多，让小孩学着跟我们一起做做公益吧！"这真的是最好的用钱教育，意义非凡！让孩子知道钱不是只能买零食、买自己喜欢的东西，钱还可以跟别人分享，可以帮助别人。从小就学会舍得学会传递爱，这样的小孩以后一定前途无量。

捐款不在多少，捐款里面包含的不只是教育，更是满满的爱心。像这样的小额捐款，也正是维持弘化多年来不断向前的主力，我们永远感恩！

井水越提越多，捐出去才会涌进来

来到我们这边捐物资的朋友，偶尔会分享他们去其他公益机构，捐赠二手物资的经验，话中多半带着点抱怨，因为很多育幼院、教养院是拒收旧衣、二手物资的。主要原因是那些单位已经接受政府的补助，必须要把经费在年度内用完，当然也可能是因为处理旧衣需要人力、时间，用补助的经费或捐款买新的，相较之下更简单。

但我们弘化向来很欢迎二手物资捐赠，而且我常告诉院内的工作人员："人家捐东西，都是一份善意，我们不要轻易地拒绝。"真的，不要小看这些二手的物资，今天我们不拒绝人家的捐赠，改天人家就会再来，而且还会带着他的朋友过来，这些对我们都是很大的帮忙。不只这样，借由捐赠物资的过程，开车载货的司机，有了工作可做；如果物资是用邮寄的，货运公司的员工就不会失业。再说，我们善用这些二手物资，也是为环保尽一份心力，否则这些二手物资最后沦为被丢弃的命运，等于是制造垃圾啊！

更重要的一点是，我们的小孩没有父母在身边，将来长大后，多半都要单打独斗地生存。越早让小孩养成俭朴习惯，以后才能在各种环境下生存。这么说来，接收二手物资的好处还真不少呢。

当用则用，爱物惜物是一种幸福的"舍不得"

说起来，现代人的生活，真的与早期的年代大为不同。现代的人太富裕了，同样功能的东西，只要出了新款式，就急着买来用，至于旧东西呢？不是堆着就是到处送人。

于是，像我们这样的单位就经常接受了一大堆，功能正常的旧东西。当然啦！这么多的物资，我们自己肯定是用不完的，所以我就再分享给其他需要的人使用。毕竟在我们身边还有很多人，他们过的生活更匮乏，只是不好意思求助罢了。

比方说，在弘化多年来经手的施棺、急难济助案例中，就可以看到很多这类需要帮助的贫户。他们多半是在已高山的部落、花东地区的偏远乡下，或隐身在都市以拾荒为业的人。其实他们要求的不多，简单的一包米、一些旧衣，就能减轻负担，改善它们基本的生活。喜欢赶流行的小姐，将不流行的衣服捐出来，或许也能让物资匮乏的他们抓住一点流行的尾巴；很多家庭买了新式的液晶电视，就把旧式的电视捐出来，我们转给低收入的朋友使用，他们也是用得很开心啊！

不过转送物资的工程颇浩大，需要很多人力的协助。举例来说，每个周末在弘化这边都有"秀姑之家"质感团，他们固定来帮忙整理二手衣。看到他们一堆人在物资室的衣堆里面忙着整理上千上百件的衣服，光分类就非常费时，要把大人、小孩、男生、女生的不同衣服，分别归类到不同的物资架上。有时候真的会眼花缭乱，难怪资深的义工常开玩笑："每次混在衣堆里面，根本分不清哪些衣服是穿在人身上？哪些是等待整理的呢？"感人的是，这个团体每个周末都来我们这边当义工，这一做就快十年，从不间断。

值得一提的还有，多位平日喜欢开休旅车、全台到处跑的朋友，也常到弘化当义工。他们一听到我们要将物资捐到司马库斯，就跟熟识的车队说："我们找一天到司马库斯玩！顺便还可以帮忙转赠物资、做公益。"也有老家在中部的台北上班族，听到我们要将物资转到南投，马上热心地跟我们说："我老家就在中部，等我回家顺路载过去吧！"这些义工真的非常可爱，为了帮我们转赠物资，总会挤出那么多顺路的理由。

我真心感谢每一位转赠物资的义工，帮我们找到了真正需要帮助的人，好好运用这些蕴含着善心的物资。当然也感谢广大的捐赠者，愿意信任弘化，将这些物资交由弘化，我们也用公开、公正的处理态度回馈大家的信任和爱心。

爱是扩散，不望回报

人生的可爱之处，就是在转念。如果当初我们跟其他的育幼院一样，嫌处理二手物资麻烦，拒绝了人家的捐赠，那么需要的人就少了一个可以获得物资的管道；而那些二手物资，也可能变成垃圾，让日益严重的环保问题，雪上加霜。

在“接受”与“施与”的过程中，我越加感受到：“我们给的越多，再捐进来的东西就更多。就像井水，一年到头不间断地给人取用，井水绝不会枯竭。因为来自四面八方的地下水，立即会补进来。”有位负责施棺业务的义工说得很好：“我是那个转赠水的人。”的确！如果说，弘化是口井，我们就是广纳了善心人士给的水，然后将它转赠给需要水的人啊！

网络汇集、传播了大家的爱

有意思的是，在转送分享资源的过程中，网络也帮了大忙。弘化每年的寒暑假，都会有几位来自美国、加拿大、纽西兰，甚至是阿拉伯的华侨，将他们的子弟送到台湾弘化参加生活体验。我总不免好奇地问这些家长：“怎么会知道弘化呀？又怎么会决定将小孩送到弘化？”他们的回答多半是：“透过网络呀！在网络上就可以看到弘化了！”而且“不只是弘化网站喔！我们也会在其他的网站上看到弘化的报道”。

不只这样，就连近几年，要到我们这边采访的媒体记者，也会先到弘化网站做功课，甚至国外有些华人团体，想开办育幼院、或想跟我们交流，也通过网络找到弘化。现在网络真的非常便利，大家即使还没有亲自到过桃园我们的院区，也能知道弘化的状况。很多想从事社会服务的团体，像是爱心会、狮子会等，或是想捐款、捐物资的个人，也常通过网络联系弘化。更不用说很多想让小孩到我们这边生活体验的家长，亦是通过网络进一步认识弘化。

可以说网络汇集了大家的爱，让大家来到弘化做公益，网络也传播了我们的爱，欢迎大家来当我们的义工，跟我们一起转赠这些有用的二手物资。井水越给越多，给出去才会流进来，让想行善的人可以行善，让需要帮助的人得到帮助！让弘化的精神散播到全世界的每一个角落。

Point

在“接受”与“施与”的过程中，我越加感受到：“我们给的越多，再捐进来的东西就更多。就像井水，一年到头不间断地给人取用，井水绝不会枯竭。因为来自四面八方的地下水，立即会补进来。”

值得尊重的“捐工”

从事社会服务工作三十多年来，我深刻感受“义工”或“义工”在台湾社会，并不是非常受到大家尊重。比起“捐款”或“捐物”的企业家、慈善家总是获得很多的掌声和美名，付出劳力和时间的义工和义工，得到的肯定相对少很多，有时候在某些场合，甚至沦为打杂或任人使唤的角色，地位远远不如捐钱、捐物资的人。

所以，我在这边要大声呼吁，义工朋友应比照“捐款”“捐物”之名，改称为“捐工”，让人认识到“捐工”的重要。他们该受到与“捐款”“捐物”的人，同等的尊重，甚至于应该要更受到尊重才对。

“捐工”是最了不起的付出

“捐工”这个名词应该是我首创的吧！因为之前好像没人用过这个说法。讲起来，台湾早期都称“义工”，近年来受欧美的影响，改用“志工”二字，于是“义工”“志工”两个名字通用。其实在“捐款”“捐物”“捐工”这三种善行当中，我认为“捐工”最困难、最不容易、最了不起的付出。因为，“捐款”“捐物”只要有爱心、善心、热心、真心、人到，财物也跟着到，把它捐出去就大功告成！甚至于就近到邮局划拨、或到银行转账就行了！

可是，“捐工”则不然，除了同样要有爱心、善心、热心、真心之外，还要捐出时间，体力、脑力、号召力、组织力等，更重要的是，还要忘掉身份、放下身段的付出。

一、时间：每次服务最少要三四小时，甚至花上一整天、两天、三天。

二、体力：清水沟、除草、休息房舍、搬运物资、油漆房舍等工作都需要体力。

三、脑力：知道怎么做事，而且把事情做得好、做得快，是需要脑力、智力的。

四、号召力：很多时候，要做的事情，需要动员几十人甚至几百人。如果没有号召力，如何能找到几十人甚或几百人呢？

五、领导力：几十、几百人来了，要怎么分工、领导？让大家如期完成工作呢？这时候就需要领导能力了。

六、组织力：以弘化课辅团队“书香再传”为例。每周三次的课辅安排，几年下来不曾间断。如果没有组织能力，如何整合各大专院校的学生呢？

七、忘掉身份：不管是董事长、老板娘、总经理、大学教授、民意代表……一旦投入服务工作，都能忘却身份，举凡扫厕所、清水沟、洗碗盘……皆能乐在其中。

以上是我多年从旁观察的体会，像这样的捐工者，拥有如此美好的特质和能力，能不给予最大的尊敬吗？

接下来，就让我分享几个捐工的实例，让大家对于他们的无私付出有更多认识和了解。

汽车保养厂老板娘捐工

洪慧平阿姨（到弘化当义工，男生尊称叔叔，女生尊称阿姨）十六年前，偶然从龟山来到大园弘化。得知院方工作人员，征聘不易，人手不足。所以，她就经常到院帮助照顾院童，洗澡、拣菜、煮饭、洗衣、打杂等。做到汗流浃背，浑然忘我，并且乐在其中。

而随着弘化的成长，善心大德捐赠米、面、蔬果、衣物、文具、日常生活用品等也大量增加。为着惜物，她转而全心全力处理剩余物品的转赠。她号召一大群善心人士，直接把米、面、蔬果等捐赠到真正需要的人手上。例如2008年到2012年5年间总共转赠160多万斤白米到宜兰、桃园、新竹、苗栗、彰化、云林等县的山区及平地的贫苦人家。其他面条、米粉、蔬菜、油盐、罐头、衣服、日用品、文具等的转赠更不知其数。

弘化经营原则：坚持不主动向外界募款、募任何物资，也绝不向政府申请任何补助。经营到2003年，施棺、急难济助及收养无依孩童的各种业务，收支都已相当稳定。所以，我想报恩，向所有捐助弘化的善心大德报恩。最后，决定启建报恩法会，来为弘化数以万计的施主祈福、消灾、超荐祖上；为受弘化施棺者超度，受弘化急难济助者祈福消灾。很自然地，启建报恩法会的重责大任，洪阿姨又承担了。从决定启建报恩法会到正式启建，仅仅十五天。一、她礼请到三峡佛山寺释道禅法师，不需任何供养，乐于带法师们主法。二、搭建完成半座篮球场（不到五十平）的坛场。三、备妥一切贡品、普桌。报恩法会就这样启建了。除法会外，参与赞经者寥寥无几。时为2003年11月29日。

就这样，开启了弘化年盛一年的法会。如今，从开始坛场只有半座篮球场，法会仅有一天，诵经者寥寥无几。到如今，法会一年启建两次（四月及十一月）一次三天。例如今年四月，坛场一千两百平方米，参加法师近七百人，赞经大众近千人，义工三百人，普桌四百多桌，供米五万多斤，其他供品亦非常多。并且全部白米、供品等在两小时内全数转赠完毕。这是十年来洪慧平阿姨，带领大家努力的成果。

从2010年起，她又带领六七位义工，接办了弘化施棺及急难济助的业务。很快地，2009年施棺及急难济助共1839万元。2010年就增至3138.5万元，2011年增至4474.5万元，2012年增至5381.5万元。短短3年增加三倍。今年可能增至7000万元。捐助金额原则上，一人5000元，2010年至2012年共济助了25000多人。

以上，我把一位市井百姓，忘却身份，没有任何头衔，默默地从事社会服务工作的成果，简单扼要地记下来。这是教养子女行善很好的真实素材。

越来越多义工投入登山活动

首先是弘化孩子的登山史，正是从一位义工，到十位义工，最后再到百人登山队伍的感人故事。

前面章节讲过，今年弘化的登山活动在台湾登山界引起一片回响。慢慢地开始有其他育幼院也让他们的小朋友体验登山，而且类似“登山很危险，怎么可以让小孩子登山”这种话也很少再听说了，这都要感谢一路支持我们登山的“捐工”朋友。

说起来，弘化的第一位登山义工，是我创校的台北市格致初中第二届毕业生何德城。平日喜欢登山的他，假日也常到弘化帮忙维修房舍。因为他在桃园机场某航空公司货运部工作的缘故，特地捡拾许多废弃不用的货运栈板，帮弘化的水沟都加上盖，原因是：“水沟虽然不深，但小孩的个子小，跌下去会很惨”。

就连弘化大树下吃饭的桌子、椅子，也都是他用废弃栈板做的。所谓“废物不利用，就是垃圾，但是只要用在对的地方，垃圾也能发挥它的功能，成为宝物。”后来，他也凭着这样的精神，对弘化的登山活动，做了最佳的诠释：“我们用最基本的装备，完成不可能的登山任务，这就是弘化精神！”果真，每年的登山活动，我们虽然没有豪华的装备，但在何德成的带领下，还是写下很好的成绩。因为他懂的不只是登山，更是我们的孩子王，小朋友总是能够开心愉快地跟在他后面爬山。

回想起 2006 年，我们第一次举办登山活动，在提交给玉山国家公园的登山计划书上面写着的初衷：“借由登上大山，来磨练院童之毅力与体力，使其增加自信，进而对生命价值之认知，有所提升。”这样的初衷，感动了很多登山界的朋友，陆续投入我们的登山活动担任义工。

另一位南部义工廖显庭先生率领的登山团队，也是一定要记上一页的。这位登山界口中的廖大哥，对我们的登山活动，一直没有特别的意见、更不会发表高论。他唯一做的就是一头栽进来当义工，默默地支持我们。迄今已经超过五年！

初次跟廖大哥结缘，是因为第三年的登山活动，我们选择登屏东的北大武山（台湾百岳之南岳）。当时因为对南部的山况不明，所以何德城就找了结识多年的廖大哥来帮忙，结果他一口就答应了，还找了一群登山义工前来协助后勤任务。隔年的嘉明湖登山活动，因为也是在南部（高雄南部横贯公路），廖大哥义不容辞地继续相挺，结果四十位小朋友登山，后勤的登山义工竟然来了五十五位。另外不能不提的是，由于中继的嘉明湖山屋床位，是采先到先占床位的方式。为了让孩子们都能有一夜好眠，当时廖大哥还运用了他的好人脉，事前通知台湾各大登山团体，尽量不要在这一天安排嘉明湖的行程。此举得到山友们的响应配合，也让弘化的每个孩子当晚都有床位可以睡觉，真的非常感人！

后来第六年的雪山登山活动，廖大哥本人虽因车祸无法登山，却还是帮忙组织那一年的登山义工团队。等到登山的出发日，他竟然拄着拐杖，亲自到登山口看我们。大家请他多保重身体，他却只说："我跟小朋友约好了，总要上来看他们呀！"

俗话说："仁者乐山，智者乐水。"这群登山义工真的是一群最有仁心的伙伴。我们的孩子在成长的路上，能有这群义工的陪伴，真是最幸福的。就算在寒冷的高山夜里出发，也会带着无比的勇气！

有三个父亲的小孩

另外，我还要讲到弘化的课辅团队"书香再传"，真心感谢每一位课业辅导的义工，愿意来当我们的"家人"，一起来教导我们的孩子。在这儿，我要特别感谢交通大学的高正忠教授。从 2007 年开始，他陆续号召了清华、交大、中央和元智、竹教大等五所大学的学生，利用每星期一、三、五的晚上，远从新竹、中坜来到桃园海边的弘化，为我们的小孩进行课业辅导。

高教授是一位热心又懂得感恩的人。他说自己是"有三位父亲"的小孩，因为在当年那个贫穷的年代，他才出生就让人领养了，于是在生父之外，有了第二位父亲。后来领养他的父亲过世、母亲再嫁，他又有了第三位父亲。虽然三位父亲都只有小学的学历，但都是守规矩的老实人，教导孩子也没有什么大道理，只要求孩子当个让人尊敬的好人。于是，他一路念到博士毕业,还当了大学研究所教授。

因缘巧合下,高教授来到弘化,开启跟我们孩子的书香缘。他说弘化的孩子跟他一样,有着生他们的第一位父亲;来到弘化后,我这个院长算是孩子的第二位父亲;而他,愿意当孩子的第三位父亲,成为“家人”一起照顾、教育这群孩子。

转眼间,在高教授带领下的课业辅导也超过六年了,我真心佩服这些有持续力的义工,让我们的小孩能在弘化的“家中”,跟着这些大学生的哥哥姐姐们学习,不仅感受到温暖、也提高了学习的效果。

做公益不辛苦，是享受

弘化的餐厅位于二楼，但到过弘化的朋友都知道，我们多半都在屋前的苦楝树下用餐，除非下雨天不得已，才会回到二楼餐厅用餐。那是因为我觉得让孩子在没有屋檐遮蔽的大地上吃饭，会是非常愉快的体验，相信很多都市里长大的孩子，肯定不曾有过这样的经验。

其实不只是吃饭，就连义工妈妈来弘化帮忙煮饭，也在苦楝树下切菜，拣菜。每天下午三点多，放学回来的低年级孩子，更喜欢待在餐厅前的苦楝树下写功课。赶在晚餐前，写完功课，就可以享受自由自在的玩乐时间了。若要说弘化小孩童年的最佳伙伴，院内这些可以攀上爬下的苦楝树，绝对是少不了的。

仿佛有魔力般，苦楝树吸引大家聚集在它的绿荫下，我们工作人员平时院内的例行会议，偶尔也选在苦楝树下召开。更不用说，假日来访团体办活动、访客要拍照留念，全都选择在这课大树下，因为餐厅前的苦楝树，正是弘化的最佳景点。

苦楝树给人温暖、给人凉快

俗语说："前人种树，后人乘凉。"我觉得这句话不太对！应该是："自己种树、自己乘凉，分享别人，分享后人。"

就拿弘化的苦楝树来说吧！这些树是我种的，亲眼看着这些树的成长，可说相当了解它们的状况。其实用不到十年的工夫，我已经能够在自己种的树下乘凉了。因为在亚热带的台湾，植物成长的速度很快，一般的树种，只要种下树苗，约莫十年左右，就足以茁壮成荫，供人纳凉了！

“前人种树，后人乘凉”，这句话的原意是指贡献与分享的精神，但我认为这样还不够积极，很容易造成后人懒惰，等待享受的消极习气、这也反应在华人社会“继承家产、子承父业”的世俗观念，就结果来说，长辈给的越多，晚辈依赖越多，其实是非常不好的。

相较之下，西方人的教养观念恰恰相反，父母自己赚钱自己用，顶多供给孩子念到大学毕业，就鼓励他们独立自主。国外很多有名的创业家、亿万富翁，年老时也多是“传贤不传子”。但华人社会不一样，养儿防老还是很多人的传统想法。父母辛苦打拼获得的成就，全都想让自己的孩子接班坐享。难怪很多大企业主的第二代，只会捡现成的树荫乘凉，当然富不过三代！

所以我才会说：“自己种树，自己乘凉。”就是期许自己不要仰赖前人的功劳、不要只捡别人辛苦栽种的果实。而且自己种树，不只是自己乘凉，也要懂得分享给别人。如同孟子所说：“独乐乐，不如众乐乐。”毕竟一棵树张那么大，如果不分享给别人岂不浪费，一个人独占反而显得孤单。更何况，树龄往往比人的寿命长，我们努力灌溉长成的大树，将来还可以分享后人，也是美事一桩。

了解对方，给对方真正需要的

如同生长在弘化土地上的苦楝树，陪伴着每个人度过无数快乐的时光。炎热的夏天，当人们需要凉爽，苦楝树茂密的树叶，就把炽热的阳光通通遮住，伴随着徐徐吹来的海风，让大家在树荫下吃饭、捡菜、做功课、聊天、纳凉；等到寒冷冬天，人们需要温暖时，苦楝树的树叶便会落尽，迎来暖阳，照到每个人的身上，让人感受到无比的温暖舒畅。苦楝树就是这样知人冷暖，贴切地照顾着弘化，照顾着我们这群孩子。

所以，我也常告诉弘化的孩子们，多向苦楝树学习为人处事的道理，要懂得了解对方，给对方真正需要的。而不是一厢情愿地给，这样只会给人带来不快和负担。

以我自己为例，这辈子的兴趣和人生目标就是喜欢帮助别人。看到别人因为自己的帮助,获得生活上的改善,就是最快乐的事情！很多人会跟我讲:“林伯伯,您辛苦了！”我总是马上回答:“不！不是辛苦,是享受。”因为现在的我,是把工作和兴趣结合在一起,所以我很快乐。

利他的事,马上就去做,这样才是积极的作为。回想我在创办弘化的开始,就是希望照顾那些不符合政府补助标准,实际上却最需要帮助的小孩。所以现在我每天照顾无依的孩童,看着他们愉快地成长,这是如沐朝阳的工作,怎么会辛苦呢？说真的,我现在已经七十七岁了,很多同龄的老人,都已经变成等吃、等睡、等死的“三等国民”。而我还能幸运地在做着自己喜欢的工作,每天身边都有这么多充满活力的小孩陪伴着我,这是何等的幸福啊！

在我看来,如果一天到晚把“牺牲奉献”挂在嘴边,那才是真正的辛苦吧！

做得好的人一定能生存

回到开头所讲“前人种树,后人乘凉”的迷思,弘化的经营,也是一样。对我这个即将迈入八十大关的老人来说,真不知道以后的弘化会怎么样,但我很豁达地跟大家讲,如果日后弘化没有人来接手,或是接手的人做不好,那就让它消失吧！

就像产品一样,做得好才会有人捧场购买,育幼院的经营管理也是,做得好才是对广大捐款人负责的表现。我自创办弘化以来,从不曾主动对外募捐,也不曾寻求政府的补助。因为我相信只要做得好,善心、善款自然能汇流注入,支持我们继续做下去。重要的是,以自身的表现,获得大家的肯定。如果只会求人家捐款,人家给得不甘不愿,那也不是我的行事风格！

至于我种下的树、结出的果,包括这些年从弘化长大的孩子,我也不期许有什么回报。我常开玩笑说:“大家不要相亲相爱！”因为我对你好,你未必要回过头来对我好,但希望你再去对其他五个人好。就像国外有部电影《让爱传出去》那样,每个人再去对另外的五个人好,这样就变成二十五个人收益了。今天我左手去帮人,不知道在哪一天,总会从右手回来帮我。

爱是一种扩散,爱是一种循环,就像网络一样,不断地传播出去。弘化的小孩如果能够做到这样,就是对我最大的回报!

Point

我常说:"自己种树,自己乘凉。"就是期许自己不要依赖前人的功劳、不要只捡别人辛苦栽种的果实。而且自己种树,不只是自己乘凉,也要懂得分享给别人。分享的同时更不要忘记试着去了解对方,给对方真正需要的。而不是一厢情愿地给,这样只会给人带来不快和负担。

后　记

用心管教的孩子，长大才会感恩

最近这几年，我们育幼院的年夜饭办得非常成功，很多离院的孩子，都会回来跟我们相聚。有的甚至在年夜饭前几天，就回到院内住，有的则是吃完年夜饭，舍不得离开干脆多留住几天。我嘴上虽然笑说：“大家是想回来拿红包嘛！”其实看到很多熟悉的脸孔，瞧见他们跟亲人般的保育员叙旧互动的画面，我内心还是非常感动的。

这些长大的孩子每次回到院内来，只要吃饭时间一到，就会陪着我一起打菜，跟我一起把食物放到弟弟妹妹的餐盘里，还会帮忙盯着孩子，一定要把餐盘内的食物吃干净。不只这样，看到厨房脏了、起居室脏了，离院的孩子照样跪在地上帮忙擦地板。父亲节到了，离院的孩子也会带着蛋糕，专程回来帮我庆祝。每年的登山活动，也有几位离院的孩子主动回来帮忙，陪着义工带领新一代的“弘孩儿”，在夜里出发，一起登上三千公尺以上的高山。

我也知道很多离院的院童，会固定看弘化的网站，偶尔还上去留言呢！甚至曾经有离院的大孩子，竟然偷偷地混在来访的义工群当中，趁机回来看看大家，但是现场却不敢跟我们相认。知道回家以后，大概是感触很深，最后才到网络上留言，表达他的感谢和想念。

信中，这个长大离院的大孩子说，自己已经是一位厨师，但还在学习中，他说成为大厨师的一天，才要光明正大地回来看我，想以这样的方式，回报我和曾经照顾他的保育员。看了信之后，所有熟悉这个孩子的工作人员，包括我在内，都觉得心疼又感动。孩子啊！其实只要看到长大后的你们，个个都能规规矩矩地做人做事，我就心满意足了。当下我也请义工帮忙留言转达，告诉他随时都可以回来看看大家！

孩子的第一个留言

我是小铭，很久很久以前的院童，我已经二十七岁了。想当年在那里的我，只有两三岁。而当我出社会后，常对自己说："等我有钱了，一定要回小时候的地方看看。看看林伯伯，看看王阿姨。"

你们好吗？我好想你们。虽然小时候我很坏，不过我已经是一个厨师啰！伯伯、阿姨，我想做菜给你们吃。但是，我的愿望还没实现，我还没成功。前两年，我在桃园餐厅当厨师，有偷偷回去找小学的同学。也有偷偷回去看院里的状况！其实，我不是很喜欢偷偷地去看，而是因为我还没成功、我怕漏气。林伯伯，你记得我吗？我是小铭，我好想你。王阿姨，你还在那边吗？我也好想你。

弘化怀幼院的回复

亲爱的小铭，你好！

林伯伯边看着你的留言，边笑着说："那个小孩呀，我记得啊！也是一样很皮呀！"看完留言后，伯伯虽然很开心地跟我们谈笑，其实那一刻，他是一直猛眨眼睛的。想必他内心一定非常的感动吧！

傻孩子，是否功成名就，跟回不回家无关呀！既然回家了，当然就要进来跟伯伯聊聊天呀，伯伯很希望能再看看他的孩子，更希望你能找一天回来，煮一顿饭给院内的弟妹吃。

欢迎你快回家喔！

孩子的第二封信

因为有你，我很开心。

回想起当年，在怀幼院的我，个子很小，但是脾气却很大。自我两三岁模糊记忆中，就被送进这个大爱无私的大家庭里。给了一位菩萨面容的好长辈，照顾到小学毕业。这位长辈就是大家尊称的林伯伯。

回想当年，我心中到现在还有歉意。那时的我越大越坏，根本没去想过伯伯的用心。每天早起。念经修身养性，但我却把它当成是坏意。我离开大家庭，唯一让我耿记在心的歉意，就是我不听话地跟着几个小院童，离家出走！我全没有想过伯伯内心多痛、多难过！

那时的我，完全只记得伯伯手边的木藤。那枝木藤，是每当我不听话的时候，就出现在我面前的害怕东西，当然啰！当我被欺负的时候，它也是第一个为我挺身而出的好木藤。伯伯不管是对我或是对大家，都是一样地看待。乖就疼，坏就藤（木藤）。

就是说，在伯伯的管教下，我长大了，也有了自己的目标与理想。要不是有当年的林伯伯，或许我还是一样不会想。伯伯的亲情，真的远远超出了父爱。如今的我，嗯～乖乖地当了厨师。虽然有回去看了小时候的家，但却还没勇气回去抱抱我永远的大家长。而知道您还很健康，我真的好高兴。

伯伯您又上新闻呦！看到您在新闻上出现，我真的好激动。为何我没勇气回到家里，向您忏悔当年翘家的错？我不是没勇气喔！伯伯（好父亲），因为我想让您见到已是大厨的我。因为我想用这方式，来表达对您的歉意。您对我的恩惠，我一直没淡忘。我一定会找个最对的时机，回到心目中的家。亲自煮个素食满汉大餐，让伯伯见见我的手艺。

伯伯（父亲）谢谢您了。

给化乐妈妈的话：

化乐妈妈，我的妈妈。我要顺便谢谢您！几年前，我爸爸过世，姐姐那时候好像有跟您联络。谢谢您很有心帮助我，一直没机会能跟您答谢。所以也顺便借此机会，向您表达谢意。

给众目前在院内的菩萨阿姨们：

感谢你们，持续着伯伯的爱心，不断照顾着目前在院的弟弟妹妹们。小铭在此谢你们，并表达内心最真的谢意！感谢！

有空，我一定不会再像之前那样，没勇气走进我内心的家！

弘化怀幼院的回复

亲爱的小铭你好。

昨晚有把你的留言，念给伯伯跟几位义工听，伯伯他听得很仔细。看着他故意把眼皮挤得很厚，似乎怕人家看到他的表情，但还是可以看到眼泪在眼眶内滚呀、滚呀的！

伯伯也聊起你跟两位姐姐，当时在院内的一些事情。也形容了你的个性，很像现在院内的某一位院童。是呀！伯伯手中的棍子，打在你们的手心。但他的心里，是心疼每一位院童的。而在场的义工，看到这样的留言也说："值得了！一切都值得了！"

后来伯伯板起脸来，叫我们向你放话："如果要煮东西，就快回来！不要只会在网络上留言。最好多带几个老院童回来一起煮。"但我觉得，伯伯应该是很想见见你吧！就找个时间回家看看伯伯，也看看院内的弟妹们。

化乐妈妈看到你的留言，直说真的好感动。没想到你变得这么的懂事、成熟。她也谈笑起十几年前，大家一起到溪头旅游，因为你不乖，伯伯处罚你的情景。但这些都过去了，化乐妈妈真的好想见见你。有空就回来让她抱抱！

不久后，这个孩子真的回来跟我见面。长得比我高、也比我壮，真的看不出来是当年的小不点。很有意思的是，这小孩在网络上面的留言写了一大堆，但真正看到我之后，却只挤出几句话来！大概是我的形象真的太严肃了吧！但我还是借机调侃他："谈吐、社交的气度，还要再训练啦！不过现在当了厨师，很会煮菜啰！我倒想要试试看你煮出来的菜怎么样？"

闲聊中，也谈起了以往在院内的生活，问起几位离院孩子的状况。我请他帮忙传话，让那些大孩子都一一回来跟我报到！虽然我知道这些大孩子就算回来，也不太敢跟我亲近谈话，但从他们的举止动作中，我知道弘化的教育是深植在他们心中的。

感谢老天爷的保佑，让我们的孩子都能平安地成长，也让孩子们都懂得感恩。期待他们也能传承者弘化的精神，将来好好地做出对社会有贡献的事。